Ramge | Augmented Intelligence

[Was bedeutet das alles?]

Thomas Ramge

Augmented Intelligence

Wie wir mit Daten und KI besser entscheiden

Mit 8 Abbildungen von Dinara Galieva

Reclam

Für meinen Vater

Sonderausgabe von Reclams Universal-Bibliothek Nr. 19689

2020 Philipp Reclam jun. Verlag GmbH,
Siemensstraße 32, 71254 Ditzingen
Umschlaggestaltung: Cornelia Feyll, Friedrich Forssman
Druck und Bindung: GGP Media GmbH,
Karl-Marx-Straße 24, 07381 Pößneck
Printed in Germany 2020
RECLAM ist eine eingetragene Marke
der Philipp Reclam jun. GmbH & Co. KG, Stuttgart
ISBN 978-3-15-011296-0

Auch als E-Book erhältlich

www.reclam.de

FSC www.fsc.org MIX Papier aus verantwortungsvollen Quellen FSC® C014496

Inhalt

Vorwort: Datenreichtum und Scheinevidenz

Es gibt keine Experten für die Zukunft. Im Verlauf der Coronakrise traf uns diese alte Erkenntnis mit neuer Wucht.

Im Frühjahr 2020 mussten Politikerinnen und Politiker in aller Welt Entscheidungen von größter Tragweite treffen, ohne die genauen Übertragungswege des Coronavirus zu kennen. Sie wussten nicht, welche und wie viele Bürgerinnen und Bürger in ihrem Land bereits infiziert waren, wie hoch der Anteil derjenigen war, die das Virus asymptomatisch weiterverbreiteten, und wer bereits wieder immun war, also ein ganz normales Leben hätte führen können. Sie verstanden nicht, wer wegen und wer mit Covid-19 starb. Es gab keine klare Evidenz, ob Kinder den Virus übertragen können und Kita- und Schulschließungen sinnvoll oder nur vorsichtig waren. Die Experten stritten darüber, ob ein einfacher Mundschutz nützt, ob er nicht oder nur ein klein wenig hilft.

Die vielen Infografiken und Modellrechnungen, auf die Politiker und Bürger täglich in den Online-Medien starrten, suggerierten Evidenz zum Gesundheitszustand der Welt, fußten auf unvollständigen oder geschätzten Daten und lieferten vor allem eines: Scheinevidenz. Die Entscheiderinnen und Entscheider von Neuseeland über Singapur bis in die USA konnten nur spekulieren, wie hoch die wirtschaftlichen, sozialen und gesundheitlichen Kosten von Lockdowns in ihrer jeweiligen Volkswirtschaft sein werden und inwiefern finanzielle Rettungsschirme für Unternehmen, Kurzarbeitergeld oder Soforthilfen für Soloselbstständige die unerwünschten Nebenwirkungen der Seuchenhygiene abmildern können.

Aus Sicht der Entscheidungsforschung ist die Coronakrise ein Reallabor für Entscheidungsfindung unter den Bedingungen höchster Unsicherheit. Die Kausalitäten sind unbekannt. Risiken lassen sich nur erahnen, aber nicht berechnen. Wir dachten, wir leben im Zeitalter von Big Data, in einer Zeit, in der Algorithmen maschinenlesbare Informationen statistisch aufbereiten und Prognosen ermöglichen, so dass sie unsere Entscheidungsgrundlagen entscheidend verbessern. Und dann kommt eine Pandemie mit Ursprung in China daher, zieht um den Globus und malt ein so unklares, fragmentiertes Datenbild, dass auch die klügsten Experten der Welt an der Interpretation der Gegenwart scheitern. Wer hätte das gedacht?

Das Coronavirus stellte Politiker vor nicht auflösbare Zielkonflikte. Für Entscheidungsforscher wenig überraschend entschieden diese sich fast überall – mit Ausnahme von Schweden – für die Optionen mit der höchsten Wahrscheinlichkeit, die kurzfristigen Risiken zu mindern. Dafür nahmen sie langfristig hohe Kosten (und Risiken) in Kauf, die sich zum Zeitpunkt der Entscheidung aber nicht einmal halbwegs seriös prognostizieren ließen.

Natürlich kann auch dieses Buch nicht für sich in Anspruch nehmen, eine schlüssige Bedienungsanleitung für Entscheidungsfindung im Kontext von

Datenarmut, widersprüchlicher Informationslage und Unsicherheit vom Schlage der Coronakrise zu liefern. Jeder Autor, der dies behauptete, litte vermutlich unter einer pathologischen Form des *Overconfidence-Bias*, der kognitiven Verzerrung der Selbstüberschätzung seiner Urteilskraft.

Auf den kommenden rund 100 Seiten versuche ich vielmehr der Frage nachzugehen, warum es uns so schwerfällt, Entscheidungen zu treffen, und wie maschinelle Entscheidungsassistenz uns genau in einem solchen Fall dabei helfen könnte, unsere menschliche Entscheidungsintelligenz zu erhöhen. Oder anders formuliert: Ich suche nach Wegen, wie Künstliche-Intelligenz- bzw. KI-Systeme bei Entscheidungsprozessen zu Intelligenzverstärkern werden können bzw. wie aus der Verbindung von kognitiven Fähigkeiten des menschlichen Gehirns und maschineller Mustererkennung *Augmented Intelligence* erwächst.

Die ersten beiden Kapitel beschreiben deshalb die Grundlagen der Entscheidungsfindung. Sie zeigen, warum die Coronakrise zwar eine Extremsituation sein mag, aber Unsicherheit und eine diffuse Datenlage grundsätzlich jede Entscheidungssituation prägen. Wer eine Entscheidung trifft, macht sich angreifbar. Wenn alles klar ist, treffen wir keine Entscheidung, sondern setzen eine logische Schlussfolgerung um. Und dennoch können wir deutlich systematischer Entscheidungen angehen.

Kapitel 3 beschreibt darauf aufbauend das Konzept der Augmented Intelligence ausführlich und entwirft ein Entscheidungsmodell mit sechs Schritten: 1. Entscheidungsproblem beschreiben, 2. Ziele und Werte definieren, 3. Optionen erarbeiten, 4. Informationen beschaffen, 5. Bewerten und 6. Entscheidung umsetzen.

Das vierte Kapitel gleicht dann ab, bei welchen der Schritte Daten und Algorithmen helfen können und wo sie wenig bis gar nichts nützen. Die zentrale These lautet hier: Künstliche Intelligenz wird uns helfen, mehr Entscheidungen im Modus der rationalen Abwägung zu treffen, also jener Form der Entscheidungsfindung, die der Verhaltensökonom Daniel Kahneman »langsames Denken« oder »System 2« nennt.

Anschließend suche ich nach Lösungen, wie wir intelligenter mit der Vielfalt der Informationen im Überfluss der (Shopping-)Angebote umgehen können, und gehe der Frage nach, ob sich Management nicht viel stärker automatisieren ließe. Von dem Ergebnis sei schon so viel vorweggenommen: Intelligente Maschinen und schnelles Rechnen werden uns weder das langsame Denken abnehmen noch von der Qual befreien, uns immer wieder entscheiden zu müssen. Das ist gut. So mühsam und unangenehm Entscheidungsprozesse auch sein mögen, kleine wie große, durch Entscheidungen werden wir zu denjenigen, die wir sind. Ohne Entscheidungen gibt es keine Identitätsfindung: Entscheidungen ziehen Grenzen, Grenzen definieren das Selbstverständnis – das Identität immer wieder neu schafft. Und auf absehbare

Zeit wird gelten: Auch die intelligentesten Maschinen sind keine Experten für die Zukunft.

Gegen die Coronapandemie hat keine KI uns Linderung verschafft, sondern Linderung brachte uns die wirtschaftlich kostspielige Entscheidung für die Sozialtechnik der sozialen Distanzierung. Und wir wissen heute noch besser als vor der Krise: Die Zukunft lässt sich auch mit den besten Daten nur dann vorherberechnen, wenn sie eine lineare Fortschreibung von Vergangenheit und Gegenwart ist. Wenn sich alles ändert, sind auch Algorithmen aufgeschmissen. Wir sehen uns zurückgeworfen auf die Kernkompetenz menschlicher Intelligenz: herauszufinden, was zu tun ist, wenn wir nicht wissen, was zu tun ist.

MARRY or NOT

I. Das Unentscheidbare entscheiden

Warum es keine guten Entscheidungen gibt, aber gute Entscheidungsprozesse

Sollte er heiraten oder nicht? Charles Darwin wollte sich bei einer der wichtigsten Entscheidungen seines Lebens nicht gar zu sehr von Gefühlen leiten lassen. Im Alter von 29 Jahren, zurückgekehrt von seiner fünfjährigen Weltreise, hatte der Naturforscher in seiner Cousine zwar eine mögliche Kandidatin erspäht. Doch ob diese als Person die richtige Wahl war, schien Darwin eine zweitrangige Frage. Zunächst musste die grundsätzliche, binäre Entscheidung getroffen werden: ja oder nein? Ist eine Ehe überhaupt sinnvoll, oder wäre ein Junggesellenleben bis ins hohe Alter nicht die attraktivere Option? Für die Entscheidungsfindung griff der Vater der Evolutionsbiologie im Juli 1838 auf ein Werkzeug zur Entscheidungsfindung zurück, das rund 100 Jahre zuvor vom amerikanischen Gründungsvater Benjamin Franklin populär gemacht worden war, die Pro-und-Kontra-Liste.

In seinem Tagebuch katalogisierte Darwin die Vor- und Nachteile der Ehe in einer zweispaltigen Tabelle. Auf der Habenseite der Ehe verbuchte er unter anderem: »Jemand, der sich für einen interessiert. Jemand zum Liebhaben. Besser als ein Hund. Eigenes Heim und jemand, der den Haushalt führt. Charme von Musik und weiblichem Geplauder.« Dieses alles sei gut für die Gesundheit. Ehe bedeute aber leider auch, Verwandte zu besuchen – »eine schreckliche Zeitverschwendung«.

Für das Szenario des Nicht-Heiratens fand der Forscher zunächst ein starkes Gegenargument: »Keine Kinder, kein zweites Leben also. Niemand, der sich im Alter um einen kümmert.« Ein Pluspunkt für das Junggesellenleben sei freilich die »Freiheit hinzugehen, wohin man will« und die »Gesellschaft kluger Männer in Clubs«. Gut auch, dass der lästige Zwang wegfalle, Verwandte zu besuchen. Keine Kosten und Sorgen um Kinder notierte er als weiteres Pro-Argument gegen die Ehe, gefolgt von »kein Streit«. Doch ein Single zu sein bedeute leider auch: »Man wird fett und faul und Angst vor Verantwortung kommt auf.«

Das Für und das Wider

Benjamin Franklin hatte für sein Entscheidungstool eine Art Betriebsanleitung mitgeliefert, nämlich möglichst viele Pro- und Kontra-Argumente in zwei Spalten einander gegenüberzustellen und diese dann gegeneinander zu gewichten. Gleichgewichtige Argumente strich er auf beiden Seiten der Abwägung aus. Hatte er den Eindruck, dass ein Pro-Argument so wichtig war wie zwei Gegenargumente (oder umgekehrt), strich er summarisch diese drei weg. So fand Franklin heraus, »wo die Balance liegt«, und nannte seine Methode »eine moralische oder überlegte Algebra«. Computerwissenschaftler würden heute von einem einfachen Algorithmus sprechen.

Darwin hat die Franklin-Methode des wechselseitigen Ausstreichens von Argumenten nicht nach Anleitung durchgeführt, wie in der Originalhandschrift von Darwins Tagebüchern erkennbar ist. Die Pros und Kontras systematisch im Tagebuch vor Augen, fiel dem Wissenschaftler eine klare Entscheidung leicht: »Mein Gott, es ist unerträglich sich vorzustellen, dass man sein Leben wie eine geschlechtslose Arbeitsbiene verbringt. Stell dir den ganzen Tag in einem schmutzigen Haus vor. Halte das Bild einer sanften Frau dagegen. Also: heiraten, heiraten, heiraten. Q. e. d. – quod erat demonstrandum.«

Zukünfte simulieren

Entscheidungsfindung ist eine Simulationsübung. Bei wichtigen Entscheidungen stellen wir uns vor, wie die Zukunft aussehen könnte. Wir projizieren uns – und im Unterschied zu Darwin hoffentlich auch andere von der Entscheidung Betroffene – in verschiedene Szenarien hinein. In der simulierten Zukunft versuchen wir dann, die voraussichtlichen Konsequenzen unserer Wahl abzuschätzen, um eine, wie wir umgangssprachlich dann sagen, »gute Entscheidung« zu treffen. Die Entscheidungsforschung sagt: Es gibt keine guten Entscheidungen. Es gibt nur gute und schlechte Entscheidungsprozesse. Das ist keine sprachliche Haarspalterei, sondern grundlegend wichtig zum Verständnis, was Entscheidungsfindung im Allgemeinen und Entscheidungen im Daten- und Informationszeitalter im Besonderen ausmachen.

Ob wir bei einer Entscheidung eine gute Wahl treffen, können wir, konsequent betrachtet, nie wirklich beurteilen. Schon gar nicht können wir das zum Zeitpunkt der Entscheidung, denn wir kennen ja die Zukunft nicht. Zudem gilt: Die spätere Erfahrung wird uns verändern. Kann ich vorher wissen, ob Kinder mein Leben bereichern werden – oder ob ich als Single besser gefahren wäre? Vielleicht bin ich am Ende jemand, der plötzlich Kinder liebt – was ich mir vor der Entscheidung, Kinder zu kriegen, so überhaupt nicht hatte vorstellen können. In der Philosophie nennt man das eine transformative Erfahrung: Die Erfahrung verändert uns, wir sind nicht mehr dieselben. Die Philosophin L. A. Paul empfiehlt: Wir sollten uns nicht die Frage stellen, ob wir Kinder haben wollen oder nicht, denn diese Frage können wir nicht begründet entscheiden –, sondern ob wir uns in eine Situation begeben wollen, in der wir uns völlig verändern können, etwa indem wir Kinder bekommen.

Unabhängig von der transformativen Qualität: Im Nachhinein erscheinen uns dann Entscheidungen mitunter als gut oder richtig, die durch die Brille eines Statistikers betrachtet zum Zeitpunkt der Entscheidung vollkommen irrational sind. Wer ein Lottoticket für zehn Euro kauft, trifft am Zeitungskiosk eine statistisch ausgesprochen dämliche Kaufentscheidung, denn die Gewinnchance ist deutlich geringer, als es der Kaufpreis rechtfertigt. Wer mit diesem Zehn-Euro-Ticket dann den Zehn-Millionen-Euro-Jackpot knackt, wird den Kauf dann im Rückblick »zur besten Entscheidung seines Lebens« erklären.

Vielleicht ist dem Lottogewinner klar, dass er mit einer irrationalen Entscheidung das Glück herausgefordert und im Unterschied zu den Millionen Verlierern der Ziehung auch erzwungen hat. Dann war sein Entscheidungsprozess zumindest eine bewusste Abwägung. Und doch können wir konsequent betrachtet nicht einmal im Nachhinein beurteilen, auch nicht im Fall eines Lottogewinns, ob wir eine gute oder schlechte Entscheidung getroffen haben. Denn Entscheidungsbewertung im Rückblick ist ebenfalls nur eine Simulationsübung.

Wenn wir uns an einer bestimmten Wegkreuzung im Leben für eine Option A entscheiden, wissen wir auch später nicht, ob Option B nicht die bessere Wahl gewesen wäre. Die Lehrerin weiß nicht, ob sie als Ärztin nicht glücklicher geworden wäre oder umgekehrt; es fühlt sich im Nachhinein, bei erneuter Simulation mit neuen Informationen, nur offenkundig oft so an. Eine Umfrage der Jobbörse Monster hat ergeben, dass rund die Hälfte aller Berufstätigen einen vollkommen anderen Beruf ergriffen, wenn sie nur nochmals die Chance dazu bekämen. Nur sieben Prozent der Befragten sagen, sie würden sich wieder für den gleichen Karrierepfad entscheiden. Diese Zahlen liefern gewiss ein bedrückendes Stimmungsbild der modernen

Arbeitsgesellschaft, aber eben nur ein Stimmungsbild. Wir können nicht in eine Parallelwelt switchen, in der wir verschiedene Entscheidungsoptionen ausprobieren könnten. Entsprechend können wir auf den Zwischenstationen im Leben auch nicht sicher beurteilen, dass wir Optionen gewählt haben, mit denen wir glücklicher geworden sind, als mit denen, die wir nicht gewählt haben.

Kontrafaktenlos

Ohne Parallelwelt gibt es keine kontrafaktische Beurteilung der Qualität von Entscheidungen. Das führt uns zur eigentlichen Natur der Entscheidung. Der austro-amerikanische Kybernetiker Heinz von Foerster beschreibt sie so: »Nur die Fragen, die prinzipiell unentscheidbar sind, können wir entscheiden.« Wenn alle Informationen vorhanden sind und die Konsequenzen klar, treffen wir keine Entscheidungen. Wir handeln dann in einem Umfeld der Sicherheit und der Berechenbarkeit.

»Ent-scheiden« heißt, die Etymologie deutet es an, dass wir Alternativen oder mehrere Optionen voneinander trennen müssen, und zwar unter den Bedingungen von unvollständigen Informationen, von Unsicherheit und von Unberechenbarkeit. Hierin liegt der eigentliche Grund, warum es uns oft so schwerfällt, rational wie emotional, Entscheidungen zu treffen. Warum wir selbst bei kleinen, für unser

Lebensglück vollkommen unerheblichen Entscheidungen wie dem Kauf einer neuen Handtasche oder einer Trinkflaschenhalterung für das Rennrad überraschend viel Zeit im Instagram-Feed von Fashion-Influencern oder mit Produktrezensionen bei Amazon verplempern. Und warum wir bei wichtigen Entscheidungen wie einem Jobwechsel (oder gar einem Partnerwechsel) nächtelang wachliegen, uns beim Abwägen der Optionen unter Einbeziehung aller verfügbaren Informationen – es sind immer zu viele oder zu wenige – oft die Analyse-Paralyse ereilt, wir uns ob der vielen Zielkonflikte im Leben einfach nicht entscheiden können und wir uns dabei so schlecht fühlen, als hätten wir Liebeskummer.

Entscheidungsfindung ist der mühsame Versuch, auf Basis der Informationen aus Vergangenheit und Gegenwart die Zukunft zu erahnen und zu überlegen, bei Wahl welcher Option sich unsere Wünsche oder Ziele voraussichtlich erfüllen. Diesen Prozess können wir besser strukturieren, als wir das in der Entscheidungspraxis heute meist machen. Wir können Entscheidungsprobleme genauer erfassen, unsere Werte, Wünsche und Ziele besser definieren, systematischer nach relevanten Informationen suchen und eine durchdachtere Bewertung der Optionen in Rückbindung an unsere Ziele durchführen. Dann werden wir im Wortsinn keine besseren Entscheidungen treffen, aber besser informierte. Systematisch informierte Entscheidungen erhöhen in den meisten Kontexten die Wahrscheinlichkeit, dass wir im Rückblick subjektiv zufrieden mit der gewählten Option sind.

Die gute Nachricht in diesem Zusammenhang lautet: Künftig werden uns intelligente Maschinen dabei unterstützen, uns intelligent zu entscheiden. Eine solche Entscheidungsfindung ist eine Simulationsübung, Computer sind Simulationsmaschinen. Ihre Software bildet die reale Welt mit Hilfe von Algorithmen und Programmiersprache in Modellen ab. Je genauer diese Modelle Zustand und Wirkzusammenhänge der realen Welt simulieren, desto hilfreicher können Computer und IT-Systeme uns als Entscheidungshilfen dienen. In einigen Fällen und Kontexten werden wir Menschen künftig gut beraten sein, die Überblicks- oder Metaentscheidung zu treffen, unsere Entscheidungen grundsätzlich an Maschinen zu delegieren. Warum wird das möglich?

Vorhersagemaschinen

Die Digitalisierung hat uns eine bis dato unvorstellbare Menge und Vielfalt an Informationen gebracht, maschinenlesbar als Daten gefasst. Sie hat uns, beschleunigt durch die Methoden des maschinellen Lernens, sowohl mächtige als auch filigrane Werkzeuge an die Hand gegeben, um diese Informationen zu sortieren, zu analysieren, Muster in ihnen zu erkennen und diese Erkenntnisse für uns nutzbar zu machen. Bei systematischen Entscheidungsprozessen spielen drei besondere Stärken von Software und datenreichen IT-Systemen eine wichtige Rolle:

1. Verlässlichere Vorhersagen.
2. Das Filtern von Informationen.
3. Die logische Beschreibung und Visualisierung komplizierter Wechselwirkungen.

»Prediction machines«, Vorhersagemaschinen, nennen die kanadischen Ökonomen und Computerwissenschaftler Ajay Agrawal, Joshua Gans und Avi Goldfarb jene IT-Systeme, die mit so genannter Künstlicher Intelligenz aus vielen Beispielen lernen, Muster zu erkennen, und in ähnlichen Situationen dann aus den Mustern der Vergangenheit und Gegenwart Prognosen für die Zukunft ableiten. Es fällt naturgemäß leichter, Entscheidungen zu fällen, wenn wir über gute Vorhersagen verfügen, im Idealfall hinterlegt mit Eintrittswahrscheinlichkeiten für bestimmte Szenarien. Die zweite und dritte Stärke maschineller Entscheidungsunterstützung, also Filtern von Informationen und die Visualisierung von Kausalitäten, haben vor allem mit einer großen Schwäche des menschlichen Gehirns zu tun. Wir Menschen sind in Entscheidungssituationen sehr schnell überfordert, wenn wir große Mengen an Informationen verarbeiten sollen. Noch schwerer fällt es uns mit unseren begrenzten kognitiven Mitteln, den Überblick über die Wechselwirkungen verschiedener Einflussfaktoren in einer simulierten Zukunft zu behalten.

Digitale Filter können uns helfen, die relevanten Informationen rasch zu finden; zum Beispiel aus einem riesigen Angebot eines Onlineshops nur schwarze Schuhe, Oxford-Stil mit Ledersohle, Größe 44 in der Preisspanne von 120 bis 170 Euro. Das reduziert Entscheidungsoptionen rasant und beschleunigt Entscheidungsprozesse, sofern wir wissen, was wir suchen. Gleichzeitig gibt es immer bessere Softwaresysteme, die Ärzte mit einer Alarmfunktion unterstützen, bei einem bestimmten Krankheitsbild bestimmte Medikamente nicht zu verschreiben, obwohl diese auf den ersten Blick für die Behandlung geeignet erscheinen, doch bei einem bestimmten Typus Patient mit bestimmten Genen nicht wirken oder gar unschöne Nebenwirkungen entfalten. Diese Nebenwirkungen könnte der Arzt ohne Konsultation des Systems mit einem einprogrammierten, weitverzweigten Entscheidungsbaum nach Wenn-dann-Logik niemals überblicken. Auf diese Weise fördert ein solches System so genanntes konstellatorisches Denken. Konstellatorisches Denken beschreibt die Fähigkeit, Verknüpfungen in komplizierten Zusammenhängen zu erkennen und die richtigen Schlussfolgerungen für unsere Entscheidungen aus diesen zu ziehen.

Optionsvielfalt

Wie immer, wenn der Satz fällt, »Die gute Nachricht lautet …«, folgt wenig später die schlechte auf dem Fuß. Im Fall digitaler Entscheidungsassistenz in Zeiten des Datenreichtums lautet sie: Die Digitalisierung hat nicht nur die Vielzahl der verfügbaren Informationen in einem Ausmaß und einer Geschwindigkeit erhöht, dass auch die mitgelieferten Analysetools und Filter kaum noch dabei nützen, der Informationsflut Herr zu werden. Es kommt leider noch schlimmer. In der sich gegenseitig verstärkenden Wechselwirkung von Individualisierung, Globalisierung und Vernetzung hat durch die Digitalisierung auch noch die Anzahl der Optionen dramatisch zugenommen, unter denen wir bei Entscheidungsprozessen auswählen müssen. Computer und Künstliche Intelligenz hatten uns doch eigentlich versprochen, unser Leben einfacher zu machen, unter anderem, indem sie uns bei der Entscheidungsfindung unterstützen und entlasten. Tatsächlich haben sie aber in vielen Bereichen des Lebens die Qual der Wahl deutlich erhöht.

Sir David Spiegelhalter, Professor für Public Understanding of Risk an der Universität Cambridge und einer der bekanntesten Statistiker der Welt, meint: »KI-Systeme können großartige Mitglieder eines Mensch-Maschine-Teams sein, das unsere Entscheidungsfindung auf die nächste Stufe hebt.« Das Problem sei allerdings: »Wir wissen nicht, wie genau wir dieses Team aufstellen müssen«. Spiegelhalter ist sich sicher: »Intelligente Maschinen werden uns die Last der Entscheidung nicht abnehmen.«

Die Fortschritte der letzten Jahre im Feld der maschinellen Entscheidungsassistenz sind zwar beeindruckend. Doch verblassen sie im Angesicht der Komplexität der Welt und den Unwägbarkeiten, unten denen wir unsere Entscheidungen treffen. Wie wir im nächsten Kapitel sehen werden: Digitalisierung, Datenreichtum und Künstliche Intelligenz machen das Leben sowohl berechenbarer als auch unberechenbarer. Diese Ambivalenz erschwert es Individuen, Organisationen und Gesellschaften im Zeitalter des Datenreichtums, informierte Entscheidungen zu treffen. Mit einer einfachen Pro-und-Kontra-Liste wie jener von Charles Darwin werden wir bei vielen Entscheidungen kaum weiterkommen. Im Rückblick betrachtet wurde Darwin mit seiner Entscheidung für die Ehe allerdings tatsächlich glücklich. Er zog nach der Hochzeit mit Emma aufs Land. Das Paar bekam zehn Kinder. Darwin fand trotz väterlicher Pflichten und Verwandtenbesuche ausreichend Zeit, seine Evolutionstheorie zu entwickeln, und er starb 1882 in den Armen seiner Gattin.

II. Das Vorhersage-Paradoxon

Warum wir die Zukunft mit Daten zugleich besser als auch schlechter vorhersagen können

Viele von uns neigen dazu, auf die oft ungenaue Wettervorhersage zu schimpfen. Die Verbreitung von Wetter-Apps auf Smartphones hat diese Unzufriedenheit eher verstärkt, denn sie haben unsere Erwartungshaltung gegenüber der Genauigkeit der Wetterprognosen deutlich erhöht. Die App weiß schließlich genau, wo ich bin, also müsste sie mir viel genauer sagen können, ob es bei mir im Viertel morgen regnet, als dies die TV-Wetterfrau oder der Wettermann vor der Deutschlandkarte kann. Nun arbeiten viele der Apps in der Tat mit zu groben geographischen Rastern. Regional gesammelte Datensätze sind teuer, und das lohnt sich für viele Anbieter nicht. Auch stellen sie ihre Vorhersagen oft missverständlich dar. Auf welchen Zeitraum bezieht sich der Wert »30 Prozent Regenwahrscheinlichkeit« genau? Unklare Angaben sind ärgerlich. Doch ist für unseren Meteorologie-Frust, grundsätzlich gesehen, weniger die manchmal schwache Prognoseleistung der Meteorologen verantwortlich als eine strukturelle Schwäche des menschlichen Gehirns: Wir haben eine Schwäche für selektive Wahrnehmung.

Wenn wir uns aufgrund einer optimistischen Wetterprognose entscheiden, den Schirm zu Hause zu lassen, und nass werden, dann merken wir uns

das. Wenn es wie vorhergesagt nicht regnet, fällt uns das nicht auf. De facto stellt Wettervorhersage ein Musterbeispiel dafür dar, wie bessere numerische Modelle, mehr Daten, schnellere Rechner und neue Methoden des maschinellen Lernens die Fähigkeit erheblich verbessert haben, in die Zukunft zu schauen.

Eine Wettervorhersage für die kommende Woche ist heute in etwa so zuverlässig wie eine Vorhersage aus dem Jahr 1990 für den nächsten Tag. Die 24-Stunden-Vorhersage erreicht heute eine Eintreffgenauigkeit von rund 90 Prozent. Die Zuverlässigkeit für die kommenden drei Tage beträgt rund 75 Prozent. Dabei muss man bedenken, dass es sich hierbei um einen Durchschnittswert handelt. In stabilen Wetterlagen wie bei einem sich kaum verschiebenden Hochdruckgebiet im Winter ist Prognostik naturgemäß deutlich zuverlässiger als bei instabilen Gewitterkonstellationen im Sommer. Gute Wetterprognosen können das durch eine Metaprognose abbilden. Sie berechnen und geben an, wie hoch die Wahrscheinlichkeit ist, dass eine Prognose ins Schwarze trifft.

Die Welt am Steuerknüppel

Die Fortschritte in der Prognosesicherheit der Meteorologie sind Teil einer größeren Entwicklung, welche die Digitalisierung so schleichend mit sich gebracht hat, dass wir sie trotz ihrer großen Wirkung kaum noch wahrnehmen. Die Welt ist planbarer geworden. Planbarkeit mit digitalen Systemen beruht auf einer sich gegenseitig verstärkenden Wechselwirkung. Dank datenreicher Prognosen können wir Prozesse besser steuern. Weil Prozesse besser steuerbar sind, können wir Ereignisse besser vorhersagen. Und das heißt konkret: Energieversorger können den Energiebedarf ihrer Kunden besser vorhersagen und die Energieproduktion regional vorausschauend anpassen. In China gehen Bauteile per Containerschiff auf ihre Reise zu einem Automobilhersteller in Wolfsburg oder Detroit und kommen nach Wochen wie geplant *just in time* an, um verbaut zu werden. Der US-Handelsriese Walmart kann seine Liefertrucks spontan nach Florida umleiten, wenn eine Hurrikan-Vorhersage dort Hamsterkäufe prognostiziert. Ein Online-Händler kann mit hoher Genauigkeit vorhersagen, wie viel er in Online-Werbung investieren muss, um den Verkauf eines bestimmten Produkts zu einem bestimmten Preis um einen bestimmten Prozentsatz anzukurbeln. Eine Navigations-App wiederum zeigt uns an, wie viele Minuten wir zu spät kommen werden. Die *estimated time of arrival*, also die voraussichtliche Ankunftszeit, teilen wir dann denjenigen mit, die uns erwarten, so dass diese die Entscheidung treffen können, ob sie noch schnell einkaufen gehen oder nicht.

Unser Leben im Allgemeinen und wirtschaftliche Abläufe im Besonderen sind dank der Rechenkraft im Zeitalter der Daten im Wortsinn berechenbarer geworden. Und zugleich bewirkt Digitalisierung das genaue Gegenteil. Sie macht die Welt viel unberechenbarer, weil sie die Rahmenbedingungen für ihre Berechnungen destabilisiert. Oder um es mit dem Bild des Zukunftsforschers Nassim Taleb zu sagen: Digitalisierung erhöht die Anzahl der schwarzen Schwäne, der unbekannten Unbekannten, die jedes Prognosemodell ins Leere laufen ließ.

Digitale schwarze Schwäne

Die Zukunft lässt sich aus den Daten der Vergangenheit und Gegenwart nur dann halbwegs zuverlässig vorhersagen, wenn sich nichts grundsätzlich ändert, wenn wir es also mit stabilen Rahmenbedingungen und linearen Entwicklungen zu tun haben. Dies ist bei den Vorhersagen der Meteorologen genauso der Fall (zumindest solange der Klimawandel keine unbekannten Wetterphänomene hervorbringt) wie bei den Stauprognosen auf Google Maps (falls nicht gerade ein Meteorit, den niemand auf der Rechnung hatte, ganze Straßennetze zerstört). Unter stabilen Rahmenbedingungen können Datenwissenschaftler aus guten wie schlechten Vorhersagen der Vergangenheit lernen, können ihre Modelle anpassen, Algorithmen kalibrieren, die Relevanz bestimmter Datenpunkte genauer einordnen und so schrittweise und statistisch eindeutig nachweisbar die Prognosegenauigkeit verbessern.

Zum Wesen der Digitalisierung aber gehört, dass technologische, ökonomische und soziale Schockwellen die berechenbaren Muster und linearen Entwicklungen durchbrechen. Die Zukunft im Zeitalter der prognosestarken Supercomputer wird immer unberechenbarer, weil Supercomputer die Welt auf unvorhersehbare Weise verändern und damit auch die Unsicherheit von Prognosen erhöhen. Doch was heißt das konkret?

Keine Simulation mit Hilfe Künstlicher Intelligenz, angeleitet von einem klugen Expertenteam, kann heute seriös vorhersagen, ob die Automatisierung von Wissensarbeit durch Künstliche Intelligenz die Arbeitslosigkeit erhöht oder ob KI unter dem Strich mehr Arbeit für Menschen schafft, weil diese künftig ihr volles kreatives Potential entfalten können und damit deutlich produktiver werden.

Besonders eindrücklich lässt sich das Phänomen der erhöhten Unsicherheit wegen zunehmender Digitalisierung und Datafizierung an den Börsen beobachten. Keine andere Branche zieht mehr analytische Talente und Nerds an und zahlt quantitativen Ökonomen, Mathematikern und Datenwissenschaftlern mehr Gehalt in der Hoffnung, dass sie bessere Prognosen liefern, auf deren Grundlage erfolgreichere Investitionsentscheidungen getroffen werden können. Derweil hat die Digitalisierung unter anderem den Hochfrequenzhandel geschaffen, in denen Computeragenten in Millisekunden Aktien, Optionen, Futures und jede andere finanzielle Assetklasse kaufen, verkaufen, *hedgen* oder auf andere Weise optionieren. Die Agenten wiederum reagieren auf die Transaktionen der Konkurrenzagenten in Millisekunden. Dies geschieht zwar in der Regel auf Grundlage rationaler Programmroutinen. Doch die Komplexität und damit die Unsicherheit im System des Geld-mit-Geld-Verdienens hat dabei in einem Maße zugenommen, dass vermeintlicher Zugewinn an Berechenbarkeit ins Gegenteil gekehrt wird. Auch die Armee der Wallstreet- und City-of-London-Quants mit Einstiegsgehältern von oft mehr als einer halben Million Dollar schafft es nicht, Börsenkurse ausreichend zuverlässig vorherzusagen. Man könnte es auch so formulieren: Es gelingt ihnen nicht, die Grenze von Komplexität in Richtung eines komplizierten Systems zu verschieben.

Es ist kompliziert, nein, komplex!

Umgangssprachlich nutzen wir die Begriffe »komplex« und »kompliziert« oft synonym. Für das Verständnis der Möglichkeiten und Grenzen computerassistierter Entscheidungsfindung ist eine saubere begriffliche Trennung jedoch von im Wortsinn entscheidender Bedeutung. Komplizierte Systeme sind jene Systeme, die wir mit formalen Regeln beschreiben können. Die Wirkzusammenhänge in diesen Systemen sind bekannt, werden verstanden und sind mit mathematischen oder physikalischen Formeln berechenbar. Ein mechanisches Uhrwerk ist mit seinen oft mehr als 1500 Einzelteilen kompliziert aufgebaut. Ein Laie kann die Wirkzusammenhänge in dem System nicht überblicken, geschweige denn reparieren, sollte es irgendwo haken. Doch hat man Expertenwissen, lassen sich komplizierte Systeme durchschauen, und der Uhrmacher kann mit Leichtigkeit entscheiden, welche Schwungfeder oder welches Zahnrad er austauschen muss, damit das System wieder reibungslos funktioniert.

Komplizierte Systeme bilden das natürliche Umfeld für Algorithmen. Wo immer die Abläufe klar bestimmt sind, Logik herrscht, der Zufall weitgehend ausgeschaltet ist und irrationale Reaktionen von Menschen auf das System keine Auswirkungen haben, können Computer uns Menschen die möglichen Entscheidungsoptionen klar aufzeigen. Wenn die Ziele klar sind und das Erreichen dieser Ziele mit statistischen Wahrscheinlichkeiten berechenbar ist, dann können wir die Entscheidungen in vielen Fällen direkt an die Algorithmen, also mit Logik beschriebene und von Computern prozessierte Lösungswege delegieren. Das Leben ist aber nicht kompliziert. Es ist kein Schachspiel. Das Leben ist komplex. Es ist ein Fußballspiel.

In komplexen Systemen können wir Wirkzusammenhänge und wechselseitige Abhängigkeiten nicht genau mit Regeln oder Modellen beschreiben, selbst dann nicht, wenn wir über ausreichend viele Informationen über die einzelnen Akteure in diesem System verfügen sollten. Erschwerend kommt allerdings hinzu: Meist haben wir in komplexen Systemen ohnehin nur einen Teil der Informationen zu unserer Verfügung, der für informierte Entscheidungsfindung notwendig wäre. Im Wirrwarr der Komplexität verstehen wir die Kausalzusammenhänge oft nicht einmal gut genug, um darüber entscheiden zu können, welche Daten wir sammeln müssten, um informierte Entscheidungen zu treffen. Aktionen einzelner Akteure führen zu nicht vorhersehbaren Reaktionen. Menschen mögen »vorhersagbar irrational« handeln, wie es der amerikanisch-israelische Psychologe Dan Ariely formuliert. Nur wissen wir in den meisten Kontexten nicht, in welche Richtung die Irrationalität ausschlägt.

Komplexe Systeme haben zudem die aus Sicht informierter Entscheidungsfindung unangenehme Eigenschaft der Emergenz. Das bedeutet: Die Systeme können infolge des Zusammenspiels ihrer Elemente oder Akteure neue Eigenschaften entwickeln, kurz: Sie können emergieren. Diese Systemeigenschaften lassen sich wiederum in der Regel nicht aus den Eigenschaften der einzelnen Elemente oder Akteure ableiten. Und als ob das alles nicht reichte, regiert auch noch der Zufall mit. Kurzum: In komplexen Systemen herrscht ein gerüttelt Maß an Chaos. Chaos lässt sich per Definition nicht mit Regeln beschreiben – und das ist in vielen Situationen auch gut so. Wenn ein datenreiches System mit Sicherheit vorausberechnen könnte, wie ein Fußballspiel ausgeht, dann hätte das zwar den erfreulichen Effekt, dass die Sportwettenindustrie zusammenbräche. Doch dann wäre freilich die Luft aus dem Fußballsport insgesamt raus.

Better safe than sorry

Die Unterscheidung in komplizierte und komplexe Entscheidungskontexte befreit uns Menschen freilich nicht von dem Druck, in vielen Situationen im Leben unter den Bedingungen der Komplexität oft auch sehr schnell entscheiden zu müssen. Jedes Unternehmen ist ein komplexes Gebilde, wie auch jede Abteilung in diesem Unternehmen. Sie agieren in dem komplexen System des Marktes. Die entscheidende Frage lautet entsprechend: Wie reduzieren wir mit Hilfe von Informationstechnologie die Komplexität von Leben und Welt in einer Art und Weise, dass informierte Entscheidungen möglich werden?

Einige Hinweise liefert das nächste Kapitel.

Eine sehr pragmatische Antwort auf rationale Entscheidungsfindung in einem komplexen System hat der Bonner Spieltheoretiker und Verhaltensökonom Reinhard Selten gegeben. Er nimmt immer einen Regenschirm mit, egal was der Wetterbericht vorhersagt. Den Nutzen des sicheren Regenschutzes wertete der einzige deutsche Wirtschaftsnobelpreisträger höher als die möglichen Kosten des Nasswerdens. Reinhard Selten machte diese Kosten-Nutzen-Rechnung nach dem Prinzip »better safe than sorry« allerdings in den 1990er Jahren für sich auf. Vielleicht würde er sich in Anbetracht der Fortschritte, nach denen Menschen mit Hilfe von Wettermodellen und Daten die Komplexität auf die entscheidenden Prädiktoren reduzieren und bessere Vorhersagen treffen, heute anders entscheiden.

III. Augmented Intelligence

Wie wir datenreiche Systeme für intelligentere Entscheidungen nutzen können

Garri Kasparow steht vom Schachbrett auf. Er hebt hilflos die Arme und läuft orientierungslos in Richtung der Stuhlreihen der Zuschauer, wo auch seine Mutter sitzt. Die Szene ist heute in vielen Videodokumentationen über Künstliche Intelligenz zu sehen. Der russische Schachweltmeister war im Mai 1997 sehr selbstbewusst in die sechs Partien gegen den IBM-Computer Deep Blue gegangen. Im Jahr zuvor hatte Kasparow mit seinem taktischen Geschick, seinem strategischen Denkvermögen und seinem so reichen Erfahrungswissen die Rechenmaschine noch vernichtend geschlagen. Die Schachwelt, Experten und Fans, wusste er bei der Revanche weiter hinter sich. Kaum einer traute dem Team hinter dem Computer zu, die Algorithmen binnen eines Jahres auf geschweige denn über das Niveau des bis dahin besten Spielers aller Zeiten zu heben. Das IBM-Team wurde unterschätzt. Der Computer spielte plötzlich überraschend und gleichzeitig routiniert. Er provozierte mit unerwarteten Zügen Fehler und spielte dann mit maschineller Präzision die Partien gnadenlos und konsequent zu Ende.

Es half dem »Team Human« nicht, dass Kasparow, für ihn ungewohnt, Nerven zeigte. Der Russe ließ bei der Strategie die gewohnte Brillanz vermissen, traf taktische Fehlentscheidungen, vielleicht begründet durch den Druck, vor den Augen der Weltöffentlichkeit (und seiner Mutter im Zuschauerraum) die Ehre menschlicher Intelligenz gegen maschinelle Rechenüberlegenheit wahren zu müssen. Keine Partie in der Geschichte des Schachs fand mehr Beachtung als das Endspiel Mensch gegen Maschine am 11. Mai 1997 in New York. IBM behielt sich die kleine Schlusspointe vor. Das Unternehmen schickte den Computer unmittelbar nach seinem Sieg in den Ruhestand, vielleicht auch um zu vermeiden, dass Deep Blue alsbald von deutlich günstigeren Programmen auf PCs geschlagen werden könnte.

Gegen viele kostenlose Schach-Apps von heute hätte der Sieger von 1997 mit seinen eher starren Brute-Force-Algorithmen wohl nicht den Hauch einer Chance. Das schmälert nicht die historische Leistung der Deep-Blue-Programmierer, Schach zu einem Spiel oberhalb menschlicher Intelligenz zu transformieren. Sehr schade ist allerdings, dass eine andere Schachpartieserie von Garri Kasparow nur ein Jahr später kaum öffentliche Beachtung fand. In diesen Partien experimentierte Kasparow mit einer neuen Disziplin: Zentaur-Schach.

Die Intelligenz des Zentauren

Bis dato hatte Kasparow, wie üblich bei den Großmeistern der Zeit, Schachcomputer nur als Trainingspartner genutzt, um sich für Partien gegen Menschen zu rüsten. Im Juni 1998 spielte er mit Unterstützung des Schachprogramms Fritz 5 gegen das aufstrebende bulgarische Supertalent und den späteren Weltmeister Wesselin Topalow, der wiederum Entscheidungsvorschläge des Programms ChessBase 7.0 nutzen durfte. Erklärtes Ziel des Experiments war es, das Schachspiel auf ein »vollkommen neues Niveau zu heben«. Es ging darum, fehlerfreie Partien mit perfekter Taktik mit einem kreativen, strategischen Plan zu vereinen. So kam es. Die Serie Kasparow/Fritz gegen Topalow/ChessBase endete unentschieden drei zu drei und wurde zur Geburtsstunde einer Nischendisziplin des Schachsports.

Beim Zentaur-Schach (in unterschiedlichen Varianten auch »Cyborg-«, »Advanced-« oder »Freistil-Schach« genannt) treten Einzelspieler oder Teams mit Unterstützung eines Schachcomputers gegen Menschen, gegen Maschinen und gegen andere Teams aus Menschen und Maschinen an. Weder beim Schach noch bei Poker oder dem (im mathematischen Sinne, da es mit heutigen Computern nicht berechnet werden kann) überaus komplexen asiatischen Brettspiel Go haben Menschen heute noch eine Chance gegen künstlich intelligente Kontrahenten.

Zentaur-Schach jedoch zeigt, wie wertvoll KI-Unterstützung für menschliche Entscheidungsfindung sein kann. Denn dort gewinnt bis heute keineswegs immer die Maschine gegen Menschen, wenn diese computerassistiert entscheiden. Der intellektuelle Trick besteht darin, die eigene Strategie von den Programmen auf mögliche Denkfehler untersuchen zu lassen und auf diese Weise taktische Perfektion zu erreichen, dabei aber auch mit Hilfe des Computers rasch zu erkennen, wann Strategien des Gegners auf welche Weise gefährlich werden können, dann eine neue Gegenstrategie zu entwickeln und diese dann wiederum erneut vom Computer überprüfen zu lassen.

Bei großen Turnieren 2012 und 2014 hatten Zentaur-Teams die Nase vorn, 2017 gewann ein Computer. Aber das Spiel bleibt offen und spannend, eben weil menschliche Entscheidungsfindung in dem besonderen Setting des Zentaur-Schachs von den Fortschritten der Computerwissenschaft ebenfalls profitiert. Insofern bietet Mensch-Maschine-Schach ein spannendes Beobachtungsfeld, wie Menschen mit Hilfe von Informationstechnologie ihre Intelligenz verstärken können. Der KI- und Internet-Pionier Douglas Engelbart gab dieser Idee bereits 1962 in einem Aufsatz mit dem Titel »Augmenting Human Intellect: A Conceptual Framework« einen programmatischen und analytischen Rahmen.

Es war Engelbarts Idee

Mit Hilfe von Augmented Intelligence wollte Engelbart erreichen, dass Menschen »in komplexen Problemsituationen ein besseres Verständnis von ihren bestimmten Zielen und Bedürfnissen erlangen, um dann zu besseren Lösungen des Problems zu gelangen«. Dazu zählte er im Detail »ein schnelleres Verständnis, tieferes Verständnis, die Möglichkeit zu nützlichem Verständnis in zuvor für Menschen zu komplexen Situationen« für Entscheidungen und Problemlösungen in nahezu allen gesellschaftlichen Domänen, in denen Wissen und Wissensarbeit eine wichtige Rolle spielen. Besonders profitieren könnten nach Einschätzung des Gründers des Augmentation Research Centers in Stanford Entscheidungen in der Diplomatie und im Management, von Natur- und Sozialwissenschaftlern, Ärzten, Juristen, Ingenieuren und Designern – und zwar unabhängig davon, ob das mit einer Handlung zu lösende Problem »seit 20 Minuten oder 20 Jahren besteht«.

Diese gedankliche Rahmensetzung verdient heute, mehr als ein halbes Jahrhundert und mehrere Hochphasen der KI-Euphorie später, mindestens einen zweiten, sehr genauen Blick. Denn Engelbart liefert mit ihr eine zwar abstrakte, aber exakte Beschreibung der Anforderungen, mit denen Computer unsere Entscheidungsintelligenz augmentieren, also erhöhen können, wenn wir Menschen die Maschinen intelligent einsetzen.

Hierzu ist es zunächst nötig, systematische Entscheidungsfindungsprozesse zunächst besser zu verstehen, um dann im zweiten Schritt der Frage nachzugehen: An welchen Stellen können Datenreichtum und Algorithmen menschliche Entscheidungsintelligenz stärken, und wo schaffen sie entgegen allen Versprechen der KI-Euphoriker keinen oder nur geringen Mehrwert? Diese beiden Schritte gehen dieses und das folgende Kapitel.

Es gibt kein Passepartout, keine Schablone für gute Entscheidungsfindung, auch wenn die populäre Entscheidungsratgeberliteratur das gelegentlich behauptet. Sie wird immer abhängig sein von der jeweiligen Situation. Allerdings bauen die wissenschaftlich fundierten Entscheidungsmodelle von Psychologen, Verhaltensökonomen, Statistikern, Spieltheoretikern, Managementberatern und empirischen Entscheidungsanalytikern fast alle auf fünf bis acht Elementen auf, mit denen sie Entscheidungsprozesse strukturieren. Bis heute prägend bei der Systematisierung des Prozesses ist das Buch *Smart Choices* des Autorentrios John Hammond, Ralph Keeney und Howard Raiffa, die akademische Analyse und Beratungspraxis in ihrem PrOACT-Modell kondensieren. Das Akronym steht für **Pr**oblem, **O**bjective, **A**lternatives, **C**onsequences und **T**radeoffs.

Sechs Schritte zu informierten Entscheidungen

Die US-amerikanische Decision Education Foundation hat – als Kondensat vieler gängiger Entscheidungsprozessmodelle – eine Entscheidungsstruktur mit sechs Gliedern einer »Entscheidungskette« entwickelt, bei der jedes Glied der Kette in das benachbarte Glied greift. Das Bild der Kette wiederum soll verdeutlichen, dass Entscheidungsprozesse keine Folge von festgelegt nacheinander zu gehenden Entscheidungsschritten sind. Gute Entscheidungsfindung zeichnet sich dadurch aus, dass jedes einzelne Glied stark sein muss, damit eine belastbare Entscheidung getroffen werden kann, denn das schwächste Glied bestimmt die Stärke der Kette. Jedes Element der Kette steht in Wechselwirkung mit den anderen, und die Arbeit an einem oder die Reflexion über ein Element führen oft zu Impulsen oder Verschiebungen bei anderen Gliedern. Diese Elemente sind:

1. **Sie sollten Ihr Entscheidungsproblem erkennen, definieren und den richtigen Entscheidungsrahmen für Ihr Problem setzen.**
   Was genau soll eigentlich entschieden werden? Manchmal ist diese Frage leicht zu beantworten. Oft verwenden wir aber überraschend wenig Zeit zum Nachdenken über die Art und die Tragweite des Entscheidungsproblems und eine Einordnung, ob die zu treffende Entscheidung Teil einer größeren Entscheidung ist und wann die Entscheidung getroffen

werden sollte. In Organisationen ist damit oft die Frage verknüpft, wer überhaupt die Entscheidungskompetenz bzw. Entscheidungsmacht für das zu definierende Entscheidungsproblem hat. Bei individuellen Entscheidungen steht am Anfang in vielen Fällen die übergeordnete Metaentscheidung, überhaupt eine bewusste Entscheidung treffen und nicht andere für sich entscheiden lassen zu wollen. Das Aufschieben mündet dann oft in den Klassiker schlechter individueller Entscheidungsprozesse: unbewusst eine Entscheidung zu treffen, indem man gar keine Entscheidung trifft (und das wäre selbst wiederum eine Entscheidung, denn man kann sich nicht nicht entscheiden), oder die Entscheidung so lange vor sich herzuschieben, bis eine Chance vertan ist oder andere für einen entschieden haben.

2. **Sie sollten die Ziele klären, die mit einer Entscheidung und den mit ihr verbundenen Folgehandlungen erreicht werden sollen.**
Dies setzt voraus, dass wir uns auch der Werte bewusst sind, auf denen die Entscheidungsfindung fußt. Dazu wiederum gehört ein Bewusstsein dafür, dass diese Werte meist normativ gesetzt, also wertend aus einem bestimmten Weltbild heraus entwickelt worden sind. Ziele zu klären bedeutet daher eine Auseinandersetzung mit der Frage, was uns in dem gegebenen Entscheidungskontext aus welchem Grunde besonders wichtig ist. Oft sind wir in Entscheidungssituationen mit Zielkonflikten

konfrontiert. Viele Entscheidungsforscher fügen hier die Frage danach hinzu, wie hoch unsere Risikotoleranz bei der zu treffenden Entscheidung ist.

3. **Sie sollten verschiedene Entscheidungsoptionen herausarbeiten und/oder explizit machen.**
Die Entscheidungsforschung hat immer wieder beobachtet, dass Entscheider verhältnismäßig wenig Mühe aufwenden, ihre Optionen kreativ auszuloten oder systematisch zu erfassen. Das ist insofern erstaunlich, da jede Entscheidung dadurch definiert wird, dass zwischen mindestens zwei Optionen gewählt werden muss. Die Qualität eines Entscheidungsfindungsprozesses hängt in vielen Kontexten entsprechend davon ab, ob es gelingt, eine sinnvoll große Anzahl von Optionen zu identifizieren, die ausreichend unterschiedliche Wege in eine wünschenswerte Zukunft aufzeigen und zugleich auch umsetzbar erscheinen. Schlechte Entscheidungsfindung zeichnet sich im Umkehrschluss oft durch Selbstbegrenzung aus, indem wir nicht ausreichend auf die Varianz der Optionen achten, sondern zu wenige oder zu ähnliche Auswahlmöglichkeiten in Betracht ziehen.

4. **Sie sollten die für die Entscheidung relevanten Informationen zusammentragen.**
Die Recherche, die Suche nach relevanten Informationen, steht in enger Wechselwirkung damit, sich Optionen zu erarbeiten. Oft stoßen wir

bei der Suche nach Fakten oder Einschätzungen auf Handlungsmöglichkeiten, die wir bis dahin nicht kannten. Besonders relevant für die Entscheidungsfindung sind statistische Informationen zu Eintrittswahrscheinlichkeiten der herausgearbeiteten Optionen sowie der Grad der Unsicherheit, mit dem diese statistische Eintrittswahrscheinlichkeit sich belastet sieht. Statistik nützt uns unter Umständen weniger bei der Entscheidung, als uns Statistik oft glauben macht. Einig sind sich die Entscheidungsforscher darüber: Entscheidend für die Qualität des Entscheidungsprozesses ist die Qualität der Informationen und die Fähigkeit einzuschätzen, ob diese aus objektiven oder manipulativen Quellen stammen, aktuell oder überholt sind, für die betreffende Frage auch tatsächlich Relevanz haben und Aussagen über ein Chancen-und-Risiko-Verhältnis erlauben. Gleichzeitig lauert in einer Überforderung durch zu viele Informationen gerade hier eine der gefährlichsten Entscheidungsfallen: Der Informationsüberfluss kann überfordern oder sogar lähmen.

5. **Sie sollten Optionen mit Hilfe der Informationen im Hinblick auf die Entscheidungsziele bewerten – und die Entscheidung dann auch wirklich treffen.**

Mit der Bewertungsphase im Entscheidungsprozess hadern wir oft am stärksten. Regalmeter von Entscheidungsliteratur – die etwa auf dem Konzept der eingeschränkten Rationalität von Herbert Simon und den vielen Tests der Verhaltensökonomen Amos Tversky und Daniel Kahneman aufbauen – beschäftigen sich mit der langen Liste an kognitiven Verzerrungen, denen das menschliche Gehirn beim Bewertungsprozess in der Entscheidungsfindung unterliegt. Diese Entscheidungsschule sieht den größten Hebel zur Verbesserung der Entscheidungsfindung im so genannten »Debiasing«, also dem Erkennen menschlicher Wahrnehmungsverzerrungen mit dem Ziel, ihre verzerrende Wirkung auf die Entscheidungsfindung zumindest zu reduzieren.

In der Bewertungsphase hin zur endgültigen Entscheidung spielt zudem die Risikokompetenz eine zentrale Rolle. Dazu gehört die Fähigkeit, in stabilen Entscheidungsumfeldern die statistischen Eintrittswahrscheinlichkeiten bezogen auf die möglichen Folgen der Entscheidung sinnvoll einordnen zu können, also Prognosedaten richtig zu interpretieren. Außerdem bedeutet eine gute Risikokompetenz, nicht auf statistische Scheinsicherheit hereinzufallen, sondern auch die Grenzen der Aussagekraft von Vorhersagen unter den Bedingungen von Unsicherheit zu erkennen. Diese beiden Aspekte von Risikokompetenz – der deutsche Entscheidungsforscher Gerd Gigerenzer nennt sie »Risikointelligenz« – sind für den dritten, ebenso wichtigen Schritt in der Bewertungsphase notwendige Voraussetzung: den Abgleich mit den eigenen Risikopräferenzen.

6. **Sie sollten eine getroffene Entscheidung mit der nötigen Konsequenz umsetzen, so dass sich die Chancen erhöhen, das erwünschte Ergebnis gemäß dem definierten Ziel auch wirklich zu erreichen.**
   Die Qualität des Entscheidungsprozesses spielt hier psychologisch gesehen eine wichtige Rolle, besonders bei jenen Entscheidungen, deren Erfolg von eigenen Folgehandlungen abhängt, wie zum Beispiel vom Fleiß im Studium nach der Entscheidung für ein schwieriges Studienfach mit Aussicht auf gute Berufschancen. Ein oberflächlicher Entscheidungsprozess führt im Gegenzug oft zu einem Gefühl der Unsicherheit im Moment der Entscheidung. Diese Unsicherheit fördert halbherzige Selbstverpflichtung gegenüber der eigenen Wahl, was den Willen zur Umsetzung reduziert. Eine bloß halbherzige Umsetzung erhöht die Chance, dass wir die Entscheidung im Nachhinein als falsch empfinden.

Zusammengefasst: Es gelingt einem Entscheider in einem guten Entscheidungsprozess, das Entscheidungsproblem gut zu fassen und zu beschreiben, seine Ziele klar zu definieren, eine gute Bandbreite von Optionen zu erarbeiten, deren Risiken und Chancen er dank der relevanten Informationen gut einschätzen kann. In einem Abwägungsprozess unter Einbezug von Zielen, Werten, Eintrittswahrscheinlichkeiten und der eigenen Risikoaffinität trifft er dann eine Entscheidung, die eine hohe Wahrscheinlichkeit hat, die Ziele auch tatsächlich zu erreichen, sofern der Entscheider ausreichend Energie in die Umsetzung steckt.

Die entscheidende Frage im Zeitalter der Daten für Entscheidungsfindung lautet entsprechend: Bei welchen dieser Entscheidungselemente kann der digitale Informationsreichtum uns wirklich weiterhelfen und damit unsere Entscheidungsintelligenz stärken? Bereits ein erster Blick auf die oben genannten sechs Elemente systematischer Entscheidungsfindung lässt erkennen, dass der Mehrwert, den Algorithmen und Daten für jedes einzelne Entscheidungselement beitragen können, sehr unterschiedlich ausfallen muss.

AI = Augmented Intelligence

Das Ziel der nächsten Kapitel besteht darin, den Blick zu schärfen, wo uns digitale Systeme tatsächlich im Entscheidungsprozess helfen und wo wir weiter auf die kreativen und analytischen Stärken des menschlichen Gehirns vertrauen sollten. Sollte es uns Menschen gelingen, die Fragen systematisch und schlüssig zu beantworten, wird uns ein großer Schritt im Umgang mit den angeblich so »intelligenten« Maschinen gelingen: Sie können dann tatsächlich zu Intelligenzverstärkern werden. Das englische Kürzel AI könnte dann alsbald nicht mehr für Artificial Intelligence stehen, sondern ganz im Sinne Robert Engelbarts für Augmented Intelligence, also nicht für Künstlichkeit, sondern für Erweiterung.

Bezogen auf die Entscheidungsfindung kann es dann zu interessanten Machtverschiebungen bei jenen kommen, deren Entscheidungen in Konkurrenz zueinander stehen, seien es Manager, Fußballtrainer oder Politiker in Demokratien. Das Zentaur-Schach könnte wichtige Hinweise geben, wie es funktioniert: Nicht die stärksten Schachspieler können die Computer-Assistenz am besten nutzen. Dazu braucht es eine neue Kompetenz, nämlich die Fähigkeit einzuschätzen, wann der Zentaur-Spieler auf seinen maschinellen Partner hören sollte und welche Entscheidung er gerade nicht an die Maschine delegieren darf. Wer diese Kunst und Wissenschaft der maschinell assistierten Entscheidungsfindung besser beherrscht als andere, wird mit seinen Entscheidungen öfter richtig liegen als die Konkurrenz. Der amtierende Schachweltmeister Magnus Carlsen gilt als der beste Spieler aller Zeiten. Sein Spiel übertrifft strategisch und taktisch jenes von Garri Kasparow zu seiner besten Zeit deutlich. Gegen einen mittelmäßigen Zentaur-Spieler hat Carlsen aber bereits jetzt schon keine Chance. Spannend wäre zu sehen, ob der Norweger im Team mit einem Schachcomputer den Sport wie einst Kasparow mit Fritz 5 auf eine neue Stufe heben könnte. Und gleichzeitig wäre dies auch langweilig, denn einen großen Teil des Reizes am Schachspiel macht ja aus, dass Genies im Unterschied zu Computern gelegentlich Nerven zeigen.

IV. Schnelles Rechnen, langsames Denken

Wie uns Algorithmen dabei helfen können, Entscheidungen durchdachter zu treffen

In der Hochphase der Coronakrise, im Frühjahr 2020, blieben die Vordertüren der öffentlichen Busse in Berlin und vielen anderen europäischen Städten geschlossen. Die Fahrgäste sollten hinten einsteigen, um jeden Kontakt mit dem Fahrer zu vermeiden. Entsprechend konnten sie im Bus auch keine Tickets mehr kaufen, sondern wurden auf Plakaten an Bushaltestellen, im Radio und auf Social-Media-Kanälen dazu aufgefordert, Tickets bitte bargeldlos in der App zu lösen. Kurz darauf zogen auch Fahrdienstleister wie Uber und CleverShuttle mit der Aufforderung nach: bitte kein Bargeld mehr. Münzen und Scheine lassen sich zwar anonym nutzen, was Datenschützer freut, sind aber auch unabhängig von seuchenhygienischen Gefahren in Zeiten einer Pandemie mindestens unpraktisch. Sie gehen gerne verloren und sind aufgrund des großen logistischen Aufwands – inklusive gepanzerter Geldtransporter jeden Abend am Supermarkt – für Volkswirtschaften eine sehr teure Angelegenheit.

In vielen Ländern ist bargeldloses – und dank NFC-Technologie heute kontaktloses – Bezahlen inzwischen zum Standard geworden. In China, Singapur und Schweden können Kunden oft gar nicht mehr bar bezahlen, unter anderem, weil Transfers per Karte

oder Smartphone nicht nur als praktischer und günstiger empfunden werden, sondern auch als sicherer. Das hat einen datenreichen Grund: Trotz des stetigen Anstiegs von Cyberkriminalität können die Betrugserkennungssysteme der großen Kreditkartenanbieter und digitalen Bezahldienste von Apple, Google oder PayPal mit annähernd 100 Prozent Sicherheit vorhersagen, ob eine Zahlung legitim oder ein Betrugsversuch ist. Die Sicherheit ihrer Voraussagen ziehen diese Systeme aus der ungeheuren Menge an Lerndaten, die ihnen so genaue Muster als Entscheidungsgrundlage liefern, dass auch technisch hochgerüstete Online-Kriminelle sie kaum austricksen können. Die Autorisierung bargeldloser Zahlungen stellt den Idealfall für maschinelle Entscheidungen mit dem im letzten Kapitel beschriebenen Entscheidungsmodell dar:

1. Das Entscheidungsproblem ist klar. Es lautet: bargeldlose Zahlungen ermöglichen, so dass der Nutzer bequem zahlen kann und der Anbieter auch mit kleinsten Transaktionsgebühren dennoch möglichst viel Geld verdient.
2. Das Ziel jeder einzelnen Entscheidung ist es, betrügerische Zahlungen zu blockieren. Der im Entscheidungsproblem enthaltene Zielkonflikt lässt sich mathematisch lösen. Die Entscheidungsgenauigkeit muss so hoch sein, dass ein doch nicht erkannter Betrug finanziell für den Anbieter verschmerzbar bleibt. Gleichzeitig darf das System nicht zu viele *false positives* auslösen, also Fehlalarm schlagen

und legitime Zahlungen verhindern. Denn wenn dies zu oft geschieht und ein legitimer Nutzer wie ein Scheckbetrüger an der Kasse steht, wird er den Zahlungsdienst wohl kaum weiter nutzen. Die richtige Balance zwischen dem potentiellen Schaden durch einen zu laxen Entscheidungsalgorithmus, der zu viele betrügerische Zahlungen durchwinkt, und einem zu strengen Algorithmus, der das System dysfunktional macht, lässt sich wie so oft in datenreichen Systemen testen und kalibrieren.

3. Es gibt nur zwei Entscheidungsoptionen: entweder zu autorisieren oder zu blockieren.
4. Die Systeme haben eine Fülle von historischen Informationen über legitime und illegitime Transaktionen aus der Gesamtheit der Nutzer. Der Entscheidungsagent kennt zudem das konkrete Subjekt der Entscheidung, also hier: den Karten- oder App-Inhaber.
5. Der Bewertungsprozess der Entscheidung lässt sich mit Vorhersagemodellen durchführen; in diesem Fall maßgeblich getragen von Betrugsmustererkennung mit Hilfe maschinellen Lernens.
6. Die Umsetzung der Entscheidung ist in Echtzeit im System integriert. Das System registriert in Feedbackschleifen die Auswirkung der Entscheidung. Ein Betrug wird in aller Regel mit Zeitverzug gemeldet. Die KI sammelt somit weitere Lerndaten, mit denen es die Algorithmen für künftige Entscheidungen immer wieder nachjustiert.

Digitale Repräsentation

Nach diesem Prinzip funktionieren heute die meisten bereits im Großeinsatz befindlichen maschinellen Entscheidungssysteme, wie jene zur Erkennung von Hautkrebs oder der Bremsassistent im teilautonom fahrenden Auto. Dem gleichen Muster folgen die Softwaresysteme, die für US-Universitäten Studienplätze vergeben oder für japanische Versicherungen über Rückerstattungsansprüche entscheiden; ebenso das Scoring-System, das über die Kreditwürdigkeit von Kreditsuchenden befindet, oder ein Ernteroboter, der entscheiden muss, ob eine Frucht schon reif genug ist oder noch am Baum hängen bleiben sollte.

Charakteristisch für diese algorithmisierten Entscheidungen ist:

Das Entscheidungsproblem und die Entscheidungsoptionen sind klar zu beschreiben – und sie sind damit auf eine digitale Repräsentation übertragbar, also ein Entscheidungsmodell, das von Computern mit Algorithmen prozessiert werden kann.

In der Regel sind die Entscheidungskriterien bekannt und definierbar. Die Algorithmen können auf sehr viele Daten in sehr vielen sehr ähnlichen Situationen zurückgreifen und sich in der neuen Entscheidungssituation an den vorherigen Entscheidungen orientieren. Der Abwägungsprozess der finalen Entscheidung erfolgt auf Grundlage von Wahrscheinlichkeitsrechnung, oft im Abgleich mit den Risikovorgaben des Systems. Diese Vorgaben können von menschlichen Entscheidern einprogrammiert sein – nach dem Prinzip: Jede Zahlung soll blockiert werden, bei der die errechnete Betrugswahrscheinlichkeit höher als 0,25 Prozent ist und ein Betrag größer x überwiesen werden soll. Dem System kann aber auch eine eigene Risikokompetenz einprogrammiert sein. Dies wäre der Fall, wenn das System die Zielvorgabe erhielte, die für den Zahlungsanbieter betriebswirtschaftlich ideale Balance aus dem finanziellen Schaden durch abwandernde Kunden und entstehende Haftungskosten selbst zu errechnen und den Betrugsfilter entsprechend lockerer oder schärfer einzustellen.

Ebenfalls charakteristisch für diese Art von maschinellen Entscheidungssystemen ist, dass sie die getroffene Auswahl der Optionen direkt in eine Handlung überführen können. Dies kann eine virtuelle Handlung sein, etwa die Auszahlung eines Rückerstattungsanspruches einer Versicherung, oder eine physische Handlung mit Hilfe eines Roboters oder eines Menschen, der den Entscheidungsvorschlag der Maschine akzeptiert und dann ähnlich ausführt wie ein Gabelstaplerfahrer in einem Lagerhaus, der die Regale in der Reihenfolge ansteuert, die der KI-Assistent ihm vorgibt. Fast immer werden die Daten im Anschluss in die Feedbackschleife des lernenden Systems eingespeist. Dort wird die Wirkung der Entscheidung gemessen. Das System schafft sich hier den Rohstoff für seine Selbstverbesserung selbst, nämlich noch mehr Lerndaten.

Korrelation, Kausalität, Eis und kurze Hosen

Sind die oben beschriebenen Entscheidungsbedingungen gegeben, also klar definierte, wiederkehrende Entscheidungsprobleme mit klar definierten Zielen und Handlungsoptionen, stabile Entscheidungsrahmen und relevante, maschinenlesbare Informationen in Hülle und Fülle – und ist es notwendig oder hilfreich, dass die Entscheidungen auch noch schnell getroffen werden, kann menschliche Entscheidungsfindung oft nicht mit maschineller mithalten. Denn unter diesen Bedingungen können Maschinen rational abgewogene Entscheidungen in Sekundenbruchteilen errechnen. Oder um es in der Bildlichkeit und Logik von Daniel Kahnemans *Schnelles Denken, langsames Denken* zu formulieren: Maschinen können System-2-Entscheidungen in System-1-Geschwindigkeit treffen, da sie nicht den kognitiven Beschränkungen des menschlichen Gehirns bei der Informationsverarbeitung unterliegen.

Unter »System 1« verstehen Kahneman und sein kongenialer Forschungspartner Amos Tversky den Modus unseres Denkens, in dem wir allzeit bereit schnelle, automatisierte, emotionale und oft unbewusste Entscheidungen basierend auf Stereotypisierungen und verinnerlichten Mustern treffen. »System 2« hingegen müssen wir für die Entscheidungsfindung bewusst aktivieren. Dann können wir in langsamer Geschwindigkeit mit logischer Abwägung rational berechnende Entscheidungen treffen und dabei die menschlichen Denkfehler, die System 1 sehr stark beherrschen, zumindest reduzieren.

Bei der vorausschauenden Stopp-Entscheidung eines blockierten Kreditkartenbetrugs ermöglicht schnelles Rechnen mehr langsames Denken im Sinne rational abwägender Entscheidungsfindung unter Einbeziehung der Risikopräferenz, als es ein großes menschliches Team je könnte. Mustererkennung in Massendaten ermöglicht es Computern hier und in vielen anderen komplizierten Situationen, die Wahl unter bekannten Optionen mit annähernd 100 Prozent Treffergenauigkeit gemäß der definierten Zielfunktion zu treffen. Doch genauso offenkundig wie die Überlegenheit des schnellen Rechnens sind zwei Hürden, die so genannte KI mit den heute bekannten Techniken kaum überwinden werden wird.

Erstens wird es immer Fälle geben, bei denen ein rational abwägender, langsam denkender Mensch versteht, warum die schnell rechnende Entscheidungsmaschine in einer ungewöhnlichen Situation eine Fehlentscheidung getroffen hat. In der Regel wird dabei die menschliche Ratio erkennen, dass die von der Maschine für die Entscheidung genutzte Korrelation einen Kausalzusammenhang nicht richtig abbildet. Ein Algorithmus kann erkennen, dass Eis essende Menschen überdurchschnittlich oft kurze Hosen tragen. Der Mensch weiß, dass dies nicht am Eis liegt.

Das Verhältnis von Korrelation, d. h. dem mit Daten zu beschreibenden Was der Welt, und Kausalität, dem Warum hinter einer Entscheidung, führt zu der zweiten großen Einschränkung, warum es für die meisten Entscheidungssituationen auch in Zukunft keine zuverlässigen und vertrauenswürdigen Entscheidungsmaschinen geben wird.

Machine Reasoning

Die oben beschriebenen Entscheidungskontexte bilden in unserer komplexen Welt die Ausnahmen. Dies wird deutlich, wenn wir die sechs im letzten Kapitel beschriebenen Entscheidungselemente auf folgende Fragen überprüfen:

- Wie können uns hier KI-Systeme helfen, wenn die Probleme *wicked* und *fuzzy*, also vertrackt und schwer fassbar sind?
- Was nützen Algorithmen, wenn wir uns über unsere Werte und Ziele nicht von vorneherein im Klaren sind und die Handlungsoptionen sich auch nicht quasi von selbst ergeben?
- Wie können uns Maschinen in Entscheidungssituationen helfen, wenn wir über verhältnismäßig wenige Informationen verfügen oder nicht so genau wissen, welche Daten für eine Entscheidung wirklich relevant sind?
- Und wie können wir Datenreichtum und Rechenkraft der Maschinen nutzen, um diese im Abwägungsprozess hin zu einer Entscheidung im Wechselspiel von Unsicherheit, Risikopräfe-

renz und subjektiven Zielkonflikten fruchtbar zu machen?

Es gibt einige einfache Entscheidungen, die wir immer wieder treffen müssen, zum Beispiel Druckerpatronen oder -papier nachzubestellen. Wenn wir die Regelmäßigkeit der Entscheidungen erkennen, können wir diese natürlich relativ leicht an Maschinen delegieren, so wie SAP-Systeme eines Automobilherstellers automatisch Nachschub bei Zulieferern ordern: Geht der Toner alle, geht automatisch eine E-Mail an den Zulieferer, der automatisch die Nachlieferung organisiert. Der entscheidende Punkt hier ist: Damit wird eine Entscheidung zu einer Routine. Doch unser Leben ist bei weitem nicht so routiniert, wie man meinen könnte. Die meisten Entscheidungen, die wir treffen, sind einzigartig, oder wir treffen sie zumindest viel zu selten, als dass maschinelles Lernen ausreichend Futter an ausreichend ähnlichen Beispielsituationen hat, um erstens zu erkennen, dass es sich um einen ausreichend ähnlichen Entscheidungskontext handelt, und um zweitens nachvollziehen zu können, welche Ziele wir in einer bestimmten Situation mit einer getroffenen Entscheidung verfolgt haben. Das gilt bereits für banale Entscheidungen wie den Kauf eines Fahrrads. Selbst wenn wir Fahrrad-Aficionados sein sollten und uns alle fünf Jahre ein neues Fahrrad anschaffen, wir heftige Onlineshopper und Kundenkartennutzer sind und ein digitaler Kaufassistent Zugriff auf alle Daten unserer bisherigen

Käufe hat und damit über einen guten Überblick über unsere Qualitäts- und Preispräferenzen sowie ggf. auch über unseren Kontostand verfügt: Dieser Assistent kann nicht wissen, warum wir just in diesem Jahr von einem Rennrad auf ein Mountainbike umsteigen wollen und nicht wie vor fünf Jahren ein neues Rennradmodell suchen, weil uns damals die neue Schaltgruppe ein wirklich wichtiger, innovativer Sprung in der Fahrradtechnologie zu sein schien. Woher erst sollte ein Entscheidungssystem wissen, welches Ziel wir verfolgen, wenn wir entscheiden müssen, auf welche Schule unser ältestes Kind gehen soll? Oder das jüngste, das ganz andere Talente hat als seine Geschwister?

Das Grundproblem der maschinellen Assistenz beim Erfassen von Entscheidungsproblemen und dem Festlegen der Ziele der Entscheidung lautet: Wir haben zwar immer mehr Daten über die Ergebnisse von Entscheidungen in der Vergangenheit. Doch stehen uns so gut wie keine Daten über die Beweggründe und Ziele, die wir mit einer früheren Entscheidung bezweckt haben, zur Verfügung.

Seit den Pioniertagen der Künstlichen Intelligenz in den 1950er Jahren versuchen Forscher dieses Problem zu lösen, indem sie auch die Beweggründe, das Warum, in Daten zu erfassen versuchen. Der Ansatz nennt sich »Machine Reasoning«, also maschinelles Schlussfolgern. Er fußt auf der Idee, dass Menschen zu geduldigen Lehrern von Computern werden, indem sie in einer Trainingsphase den lernenden

Maschinen den Grund für eine Handlung mitteilen – nach dem Prinzip: Der Pilot sagt dem Autopiloten im Cockpit, warum er eine Landung abbricht und die Triebwerke nochmals durchstartet. Der Arzt legt dem Expertensystem offen, warum er eine bestimmte Therapie verordnet. Der Fußballtrainer begründet, warum er Spieler A und nicht Spieler B zum Elfmeterpunkt schickt.

Im Kern versucht Machine Reasoning, Computer von Korrelations- zu Kausalitätsmaschinen weiterzuentwickeln, indem ihnen menschliches Erfahrungswissen eingetrichtert wird. Wenn Computer die Gründe kennen, warum Menschen in einer bestimmten Situation eine bestimmte Wahl getroffen haben, können sie mit der Zeit eine Fähigkeit erlernen, bei der ihnen das menschliche Gehirn bis dato weit überlegen ist: Sie könnten wie wir Menschen Analogien aus ähnlichen Situationen ziehen und aus diesen dann Schlussfolgerungen für Entscheidungen ableiten. Bis dato ist die KI-Forschung mit diesem Ansatz immer wieder krachend gescheitert. Die großen Fortschritte der letzten Jahre brachten nahezu ausschließlich die Korrelationsmaschinen des »Machine Learning«.

Vor einigen Jahren sorgte der Mathematiker, Computerwissenschaftler und Turing-Award-Gewinner Judea Pearl für neue Hoffnung in der Machine-Reasoning-Gemeinde. In *The Book of Why* präsentiert er neue mathematische Modelle, mit denen Kausalzusammenhänge besser beschrieben werden können. Pearls Leitgedanke: Computer können auch mit wenigen Daten die schwierigsten Probleme besser als Menschen lösen, wenn sie nur die Wirkzusammenhänge kennen. Denn im Unterschied zu Menschen können sie die Wechselwirkungen von vielen gleichzeitig wirkenden Kausalitäten viel besser überblicken und verarbeiten. Einfache Kausalitäten erkennen und verstehen wir Menschen zuverlässig und schnell. Müssen wir aber Wechselwirkungen in mehreren Dimensionen verknüpfen, sind wir rasch überfordert.

Das hört sich nach einer erfolgversprechenden Methode an, doch auch Judea Pearl löste das Grundproblem des Machine Reasoning nicht: Menschen müssen Kausalzusammenhänge kontextuell und situativ richtig erfassen und benennen, um sie dann mit Hilfe eines kausalen Modells einer Maschine zu vermitteln. Wir können aber oft nicht erklären, warum wir in einer bestimmten Situation oder einem bestimmten Kontext eine bestimmte Entscheidung treffen. Stattdessen rationalisieren wir sowohl unsere »guten« als auch unsere »schlechten« Entscheidungen im Nachhinein. Dieses Phänomen haben Psychologen und Verhaltensökonomen, unter ihnen Kahneman und Tversky, in Dutzenden Versuchsreihen immer wieder belegt.

Von solch kognitiv verzerrten Erklärungen können dann weder andere Menschen noch Maschinen lernen. Außerdem sind die Entscheidungskontexte mindestens zu kompliziert und oft sogar zu komplex, als dass wir sie ausreichend genau mit kausalen Modellen erfassen und Computern verständlich machen könnten.

Doch nicht einmal ein akkurates Modell allein würde Computern als Entscheidungsmaschinen viel nützen. Das Modell müsste zudem mit ausreichend Meta- und Kontextdaten versehen sein, damit eine Maschine überhaupt erkennen kann, um welche Situation es sich handelt, um dann Vorschläge dafür zu entwickeln, welche Ziele wir für ein erkanntes Problem überhaupt verfolgen sollten.

Zusammengenommen bedeutet das: Bei der Erfassung der Entscheidungsprobleme und bei der Definition unserer Ziele werden uns Maschinen in absehbarer Zukunft nur in Ausnahmefällen hilfreich zur Seite stehen. Ziele sind operationalisierte Werte. Das Warum lässt sich kaum in Daten fassen. Bei den eng verknüpften Elementen drei und vier im Entscheidungsprozess, also bei der Erarbeitung von Optionen, sowie bei der Suche und Bewertung von Informationen sieht die Sache allerdings ganz anders aus.

Explainable AI

Wenn wir ein Entscheidungsproblem erkannt und beschrieben haben, dann können wir Computern nicht nur den Auftrag geben, große Mengen an Daten nach Informationen zu durchsuchen, die für unser Entscheidungsproblem relevant sind. Das geschieht mit jedem Suchwort, das wir bei Google oder Bing eingeben. Je besser der Algorithmus trainiert und je größer der Suchraum an potentiell relevanten

Informationen ist, desto hilfreicher sind die digitalen Suchfilter. Dies erscheint uns heute so selbstverständlich, dass wir über den Wert der digitalen Informationsaufbereitung gar nicht mehr nachdenken und darüber hinaus auch kaum bemerken, wie oft uns KI-Systeme Hinweise geben, wonach wir eigentlich suchen müssten.

Der informationstechnische Trick, der hinter dieser Annahme steht, ist recht banal. Wir treffen bestimmte Entscheidungen selten, zum Beispiel den Kauf eines Fahrrads als Nicht-Fahrrad-Aficionados. Doch natürlich kann es hilfreich für uns sein zu wissen, welche Entscheidung andere Menschen mit ähnlichen digital erfassten Präferenzen oder demographischen Merkmalen in dieser Situation getroffen oder welche Optionen sie in Betracht gezogen haben. Genau diese Erweiterung an Optionen eröffnet der Amazon-Empfehlungsalgorithmus, eine Erweiterung, die wir dann wiederum mit Suchfiltern eingrenzen können. Dabei müssen wir freilich aufpassen, nicht nur die gar zu ähnlichen Optionen in Betracht zu ziehen, denn dann werden die Filter zu einem Tool, das unsere Auswahl für die Entscheidung eher reduziert und eventuelle Vorentscheidungen frühzeitig bestätigt – jedoch keine anderen.

Bei der Entscheidung, welchen Film wir heute Abend schauen sollten, ist die Hilfestellung der Vorschläge der Netflix-Algorithmen kaum entscheidend für unser Lebensglück. Entscheidungstheoretisch gesehen stellt eine algorithmische Empfehlung eine ziemlich große kreative Leistung dar, denn es wird eine neue Handlungsmöglichkeit angeboten. Diese kreative Leistung kann wiederum lebensentscheidend sein, wenn es um die Empfehlung eines Medikaments geht, das uns mit sehr hoher Wahrscheinlichkeit heilt. Diese kombinierte Funktion aus Informationsaufbereitung und Hinweisen zu Optionen, die Ärzte nicht im Blick haben, wird zunehmend von klinischen Entscheidungsassistenzsystemen erfüllt.

Ein anschauliches Beispiel hierfür bildet ein am HPI-Mount-Sinai-Institut für »digitale Gesundheit« in New York mitentwickeltes System, das DNA-Informationen aus der elektronischen Patientenakte automatisch mitprüft. Das System schlägt etwa dann Alarm, wenn einem Kranken ein Enzym fehlt, das dem Wirkstoff des am häufigsten verschriebenen Medikaments den Weg in die Zellen bahnt, in denen er wirken soll. Zugleich schlägt die Software aus einem Best-Practice-Datensatz mögliche Alternativen vor. Nach Angaben des HPI nehmen die behandelnden Ärzte rund 95 Prozent der Medikationsvorschläge des KI-Systems an.

Doch man muss sofort nachfragen, wie gut die maschinelle Entscheidungsassistenz ihre Vorschläge erklären und ab wann wir sie als vertrauenswürdig einschätzen können. Auf diese Frage haben Systeme nicht immer ausreichend gute Antworten. Oft können die Systeme zwar angeben, wie hoch die statistische Wahrscheinlichkeit ist, dass ihre Prognose stimmt. Doch dies verhindert leider nicht, dass sie bei falschen Vorhersagen dann extrem weit danebenliegen können. Anders gefragt: Müssen Maschinen ihre Entscheidungen besser erklären können als Ärzte? Diese Diskussion wird zurzeit heftig unter den Überschriften »Blackbox« und »Explainable AI« geführt. KI-Ethiker betonen dabei sehr stark, dass aus Daten lernende Systeme menschliche Vorurteile übernehmen und dann durch massenhaften Einsatz der Systeme verstärken – nach dem Prinzip: Ein HR-Bot stellt fest, dass es kaum weibliche Programmiererinnen gibt. Also sortiert der Bot weibliche Bewerberinnen aus. Diese Gefahr besteht in der Tat. Die US-Autorin Cathy O'Neil hat sie in ihrem Buch mit dem brillanten Titel *Weapons of Math Destruction* umfassend beschrieben. Doch die Diskussion um die Verstärkung menschlicher Vorurteile durch Blackbox-Maschinen wird oft sehr einseitig geführt. KI-Systeme können auch als Werkzeuge für mehr Fairness zum Einsatz kommen.

Denn zum einen lässt sich mit Algorithmen herausfinden und testen, wie fair oder unfair Menschen Entscheidungen getroffen haben und immer noch treffen. So könnte man dem HR-Bot den Lebenslauf einer sehr gut qualifizierten Programmiererin einfüttern. Wenn das System die Kandidatin ablehnt, dann ist das ein klarer Hinweis darauf, dass die menschlichen Personalverantwortlichen in der Vergangenheit Frauen diskriminiert haben und dies vermutlich auch in der Gegenwart zumeist unbewusst tun. Zum anderen lässt sich ein KI-System, das systematisch unfaire Entscheidungen trifft, leicht umprogrammieren. Bei einem rassistischen Richter, Verwaltungsbeamten oder Bankangestellten ist dies jedoch nicht der Fall. Menschen, die sogar bewusst unfair entscheiden, werden im Gegenteil gar Strategien entwickeln, ihre Unfairness zu kaschieren. Das sind freilich Ausnahmefälle. Von viel grundsätzlicherer Bedeutung in diesem Zusammenhang ist allerdings: Menschen können ihre Entscheidungen oft auch nicht gut erklären und greifen im Zweifelsfall auf die altbekannte Begründung zurück: Das sagt mir mein Bauchgefühl. Maschinen haben keine Gefühle. Hierin liegt eine große Chance.

Bei den Erklärfunktionen von KI-Systemen überwacht oft ein zweites künstliches neuronales Netz jenes, das die Entscheidungsempfehlung errechnet. Bei einigen Systemen machen Kontrollalgorithmen Prognosen unter Verwendung anderer Datensätze, ähnlich einer Zweitmeinung eines Mediziners. Doch diese Ansätze sind noch nicht sehr weit gediehen. Als Patienten haben wir allen Grund zu hoffen, dass »Explainable AI« rasch Fortschritte macht. Studien kommen immer wieder zu erschreckend hohen Quoten von Fehldiagnosen und falschen Therapien durch menschliche Ärzte. So beziffert beispielsweise eine über zwei Jahre laufende Untersuchung mit mehr als 13 000 Patienten der amerikanischen Robert Wood Johnson Foundation die ärztliche Fehlerquote auf 45 Prozent. Es ist kein Zufall, dass viele der interessantesten und wertvollsten Innovationen in Zusammenhang mit maschinellem Lernen aus dem weiten Feld von Pharmakologie, Medizin und Medizintechnik stammen. Mit digitalen Assistenzsystemen können auch mittelmäßige Ärzte zu guten Entscheidern werden, sofern sie lernen, die Tools richtig einzusetzen und deren Vorschläge richtig einzuordnen. Dies ist allerdings schwieriger, als es von den Anbietern der Systeme behauptet wird. Denn auch hier haben Digitalisierung und Datafizierung der Welt eine Ambivalenz hervorgebracht, mit der nicht nur Ärzte umzugehen lernen müssen, sondern Experten aller Fachbereiche.

Inkompetenzkompetenz

Excel war nur der Anfang. Es gibt heute Softwaretools für alle Branchen und Anwendungsfälle, mit denen Entscheider in Unternehmen, Selbstständige, Politiker, Wissenschaftler und ambitionierte Laien passgenaue statistische Analysen durchführen können, um ihre Entscheidungsoptionen besser gewichten zu können.

Aus Sicht evidenzbasierter Entscheidungsfindung ist das zunächst eine gute Nachricht. Die schlechte Nachricht lautet in diesem Fall: Wenn Tools bequemer, ihre analytischen Methoden jedoch komplizierter werden, wächst die Gefahr, diese falsch und inkompetent einzusetzen. Wenn wir aber die falschen

Templates mit irrelevanten Daten für die falschen Fragestellungen füttern, lauert die größte Gefahr für evidenzbasierte Entscheidungsfindung: Es droht Scheinevidenz bzw. es greift die älteste Regel der Datenwissenschaft: »garbage in, garbage out«. Falsche Daten, falsches Ergebnis, das aber infografisch schick aufbereitet seriös und pseudoobjektiv daherkommt. In einem Umfeld, das datengetriebene Entscheidungen braucht, fällt es den Entscheidern entsprechend schwer, einem maschinellen Rat nicht zu folgen. Im Ergebnis überfordern uns die so bequemen und zugleich komplexen Werkzeuge immer öfter. Wir wissen nicht, wann wir der Empfehlung trauen können und wann nicht.

Auch für dieses menschliche Problem gibt es zunehmend maschinelle Lösungsmöglichkeiten. Avancierte Analytik- und Statistiktools warnen den Nutzer, wenn aus der Nutzung erkennbar ist, dass die angewandte Methode für den genutzten Datensatz gar nicht geeignet ist. Die Systeme erkennen, wenn die Vorhersagen oder Ergebnisse, die sie ausspucken, sehr ungenau sind oder mit hoher Wahrscheinlichkeit Fehler aufweisen. Das so genannte Konfidenzintervall liefert dann immerhin dem statistisch kompetenten Nutzer Hinweise, wie sicher oder unsicher die auf den ersten Blick doch so eindeutige Information ist. Der Mensch wiederum muss dann entscheiden, wie stark er eine unsichere Prognose in seine Entscheidungsfindung einbeziehen möchte. Im Regelfall wird er hier abwägen, wie hoch die Kosten einer Fehlentscheidung und wie hoch der Nutzen sind, wenn die Prognose stimmt. Eine asymmetrische Kosten-Nutzen-Verteilung (es können im schlechtesten Falle deutlich höhere Kosten anfallen, als das Ganze im günstigsten Falle einbringen würde) in die Entscheidung einfließen zu lassen, ist eine statistische Basisentscheidung.

Das Problem an den bequemen Softwaretools ist aber, dass sie von vielen statistisch nicht gut genug geschulten Entscheidern eingesetzt werden und somit zu einer Falle für gute Entscheidungsfindung werden können: Die Entscheider glauben nur zu verstehen und zu wissen, was sie tun. Die Maschine verstärkt diesen Selbstüberschätzungs-Bias. Und das liefert keine gute Grundlage dafür, den Entscheidungsprozess zu bewerten. Wir bräuchten mehr Inkompetenzkompetenz.

Beim fünften Element der Entscheidung, dem Abgleich der Optionen mit den Zielen und Werten, können analytische Systeme zwar den Pro- und Kontra-Argumenten für oder gegen eine Auswahlmöglichkeit errechnete Zahlenwerte zuweisen. Diese Zahlenwerte können uns mitunter auch dabei helfen, einen besseren bzw. systematisierteren Überblick über die Optionen in Bezug auf unsere Ziele zu gewinnen. Doch das nützt uns wenig, solange wir noch gar nicht entschieden haben, welchem Ziel wir welchen Wert oder welcher Eigenschaft wir für die Entscheidung welches Gewicht zuordnen wollen. Wollen wir lieber länger oder lieber besser leben? Wollen wir treu oder sexuell abenteuerlustig sein? Sind uns die stufenlos regelbare Funktion zum Aufbacken von Brötchen bei einem Toaster einen Mehrpreis von 10 Euro oder die Sonderlackierung des Autos 1000 Euro wert?

Der Wert der Fehlentscheidung

An dieser Stelle schließt sich der Kreis zum Ausgangspunkt der Entscheidungsfindung als Simulationsübung. Statistik und KI können uns als Projektion in die Zukunft Hinweise dazu geben, welche Konsequenzen die Entscheidung für uns haben könnte. Je genauer sich berechnen lässt, mit welcher Wahrscheinlichkeit ein bestimmtes Szenario eintreten könnte, desto wertvoller können diese Hinweise sein. Doch die Entscheidung, was wir eigentlich wollen, müssen wir selbst treffen. Dabei helfen natürlich empirisch gesicherte Informationen, insbesondere zu Kausalitäten. Die Gefahr, sich über Bargeld mit dem Coronavirus zu infizieren, ist statistisch vernachlässigbar. Frühe Studien in Wuhan haben ergeben: Wir müssten uns die Münzen oder Scheine schon in den Rachen schieben, damit das Risiko einer Schmierinfektion signifikant würde. Wenn uns aber ein Bus- oder Taxifahrer ins Gesicht hustet oder niest, ist das Risiko extrem hoch. Risikokompetente Gesundheitspolitiker und -behörden hätten in der Frühphase des öffentlichen Shutdowns entsprechend entschieden:

Maskenpflicht für alle, und zwar nicht aus dem Grund, weil Masken den Träger vor einer Tröpfcheninfektion schützen, sondern weil sie mit hoher Wahrscheinlichkeit das Gegenüber vor einer Infektion durch uns schützen.

In Hongkong und Taiwan war das Tragen von Schutzmasken nicht nur behördlich angeordnete Pflicht, sondern auch kulturell verankerte Praxis in kollektiv denkenden Gemeinwesen. Die Erfolgsdaten der schnell abflachenden Infektionskurven dort hätten westlichen Entscheidern als Feedbackschleifen für das sechste Element von Entscheidungsfindung dienen können: Aus Fehlentscheidungen soll man lernen. Neue Entscheidungen müssen konsequent umgesetzt werden.

V. Analyse-Paralyse

Wie uns Algorithmen und Filter dabei helfen können, mit der Vielfalt der Optionen besser zurechtzukommen

Vor einigen Monaten verlor ich mein Smartphone. Ich ließ die SIM-Karte umgehend sperren und versuchte, die Daten über mein Google-Konto aus der Ferne zu löschen (was leider nicht gelang.) Anschließend war ich einige Wochen verunsichert, ob nicht jemand Schindluder mit meinen Daten treiben könnte, doch weder auf meinem Bankkonto noch in meinen Online-Accounts kam es zu Unregelmäßigkeiten. Ich ließ mir eine Ersatz-SIM-Karte zuschicken und steckte sie in mein altes Mobiltelefon, hatte also erst einmal eine halbwegs praktikable Zwischenlösung. Dann begann ein drei- bis viermonatiger Entscheidungsprozess, in dem ich immer wieder kurz davor stand, ein Modell zu erwerben, zögerte, mich umentschied, nochmals Preise und Tests miteinander verglich, dabei von Entscheidungsvielfalt und Kriterien ähnlich genervt war wie von meiner eigenen Unentschlossenheit und mir doch nur immer wieder dieselben Fragen stellte.

Soll ich mir überhaupt ein neues Gerät kaufen, oder tut es das alte nicht eigentlich noch? Sollte ich auch das alte verlieren, wäre das doch zumindest kein Verlust. Mit der Leistung der Kamera des verlorenen Smartphones war ich nicht zufrieden. Sollte ich deshalb den Hersteller wechseln oder eine Preisklasse höher greifen? Doch sind die Smartphones der »Oberklasse« mir nicht allesamt zu teuer? Und lohnt es sich nicht vielleicht doch, noch zwei Monate auf die nächste Modellgeneration zu warten? Irgendwann wird die aktuelle Oberklasse ja preislich ins Mittelpreissegment abrutschen. Sollte ich meinen Mobilfunkvertrag vorzeitig verlängern und unter Umständen ein Gerät günstiger bekommen, dafür aber eine Gebühr für vorzeitige Vertragsverlängerung in Kauf nehmen? Wie lange hält eigentlich der Akku bei den Geräten durch, die ich mir auf die Shortlist gesetzt habe? Und wie wichtig ist mir überhaupt Akkulaufzeit?

Eine Frage drängte sich mir bei diesem Hin und Her immer wieder auf: Warum gibt es eigentlich nicht längst eine App, die auf unseren Smartphones läuft und uns zu jedem Zeitpunkt informieren kann: »Dieses Gerät wäre mein idealer Nachfolger.« Bei keinem anderen hochwertigen Konsumgut ist die Datenlage dafür besser, denn das Gerät beobachtet uns ja ständig dabei, wie wir es nutzen. Ein Smartphone weiß eigentlich viel besser als wir selbst, wie viel Speicherplatz wir benötigen und wie oft wir die Kamera für welche Art von Motiven benutzen. Es registriert, ob wir grafisch anspruchsvolle Games spielen oder ob wir die Diktierfunktion regelmäßig nutzen. Das Gerät kann messen, wie oft wir telefonieren und ob wir uns öfter als der Durchschnittsnutzer bei Nachrichten vertippen. Vielleicht könnte uns ein größerer Bildschirm mehr nützen, als wir selbst ahnen? Marktökonomisch abstrakt gesprochen befinden wir uns beim Kauf eines Smartphones in einer nahezu idealen Situation, in der Angebot und Nachfrage auf digitalen Marktplätzen intelligent und automatisiert zusammengeführt werden.

Datenreiches Matching

Die Präferenzen des Käufers sind bekannt. Mit einem mathematischen Modell kann man beschreiben, wie stark die einzelnen Präferenzen in dem Entscheidungsprozess entsprechend dem Nutzungsverhalten zu gewichten sind. Auf der Angebotsseite sind wiederum die Eigenschaften des Produkts für jeden einzelnen Anwendungsfall von den Herstellern standardisiert erfasst. Ähnlich gut lassen sich Tests und Nutzerrezensionen quantifizieren, und dies nicht nur in Ein- bis Fünfsternebewertungen. Auch Texte und Videos können per semantischen Analysen auf relevante Informationen gescannt und die Ergebnisse zusammengetragen werden. Ein Matching-Algorithmus könnte Präferenzen und Eigenschaften des Produktes systematisch miteinander abgleichen und eine Entscheidung im Rahmen eines vom Nutzer vorgegebenen Budgets treffen.

Mit Hilfe einer Preissuchmaschine würde das alte Gerät das neue beim günstigsten Händler bestellen, der z. B. von mehr als 98 Prozent anderer Kunden als zuverlässig bewertet wurde. Nicht einmal bei der nachträglichen Händlerbewertung müsste der Mensch aktiv werden, denn sobald die Daten vom alten auf das neue Handy einschließlich des Kaufagenten übertragen wurde, könnte das neue Gerät dem System mitteilen, dass es im Rahmen der angegebenen Lieferfrist angekommen ist, problemlos online ging und reibungslos funktioniert. Die Maschine übernähme damit also auch die soziale Kontrollfunktion über den gesamten Orderprozess. Selbst wenn man dieses technisch relativ leicht realisierbare Gedankenspiel zur Automatisierung einer Kaufentscheidung nicht ganz so weit treiben möchte, zeigt sich deutlich, dass digitale Kaufassistenten erheblich dazu beitragen könnten, ein menschliches Problem zu lösen, das die Digitalisierung verschärft hat: Sie könnten helfen, die Analyse-Paralyse, also die Überforderung durch zu viele Optionen und die mit diesen verbundenen Informationen, zu lösen.

Zu viel Auswahl lähmt uns oft. Das ist freilich weder überraschend noch neu. In den antiken Fabeln von Äsop gibt der Fuchs gegenüber der Katze an, wie viele Möglichkeiten er zur Verfügung hat, vor angreifenden Hunden zu fliehen. Als die Hunde tatsächlich kommen, entscheidet sich die Katze für die einzig ihr bekannte Option und klettert auf einen Baum. Der Fuchs kann sich nicht entscheiden und wird gefressen.

Der Kulturwissenschaftler Thomas Bauer beklagt in seinem Band *Die Vereindeutigung der Welt* »den Verlust an Mehrdeutigkeit und Vielfalt«. Die These wirkt schlüssig, denn natürlich wirkt Digitalisierung mit ihren Filtermechanismen auch als großer Gleichmacher bei globalen Bestsellern, Modestilen oder Kulturgütern. Doch hat Digitalisierung im Schulterschluss mit der Globalisierung die reale Vielfalt an Entscheidungsmöglichkeiten erhöht, und dieser fortlaufende Prozess lässt sich seit geraumer Zeit nachweisen.

Noch mehr Qual der Wahl

Das Internet war ziemlich genau zehn Jahre alt, da belegte der Ökonom Erik Brynjolfsson am Massachusetts Institute of Technology mit Daten, was die New-Economy-Enthusiasten immer behauptet hatten: Die Verkaufsmaschine Internet macht Waren für uns Kunden nicht nur günstiger. Sie erhöht vor allem die Vielfalt der angebotenen Waren. Für seine Analyse hatte Brynjolfsson (zusammen mit seinen beiden Kollegen Yu Jeffrey Hu und Michael D. Smith) zunächst die Verkaufszahlen von Büchern bei Amazon genauer unter die Lupe genommen und festgestellt: Der Online-Buchhändler machte einen überraschend großen Anteil seines Umsatzes mit vergleichsweise unbekannten Büchern, die der stationäre Buchhandel mit seinen beschränkten Lagermöglichkeiten kaum vorrätig halten kann. Die Auswahl bei amazon.com, so rechneten die drei Wissenschaftler vor, sei 23 Mal so groß wie bei einer Filiale einer großen Kettenbuchhandlung und gar durchschnittlich 57 Mal so groß wie bei einem mittelständischen Buchgeschäft. Derweil verkaufte Amazon mehr Bücher an einem Tag, die es am Vortag nicht verkauft hatte, als umgekehrt.

Heute haben viele Buchhandlungen freilich nachgezogen, sind auf diversen Buchmarktplätzen aktiv, erhöhen die Angebotsvielfalt weiter und dies oft zu deutlich besseren Konditionen als Amazon. Sie verstärken damit einen Trend, den Brynjolfsson früh aufspürte und dem wenig später der Chefredakteur des *Wired Magazine*, Chris Anderson, mit seinem Buch *The Long Tail: Why the Future of Business is Selling Less of More* für viele Branchen sichtbar und bekannt machte. Das Bild vom »langen Schwanz« bezieht sich auf die Verteilungskurve von häufig und von selten verkauften Produkten. Ein stationärer Händler macht mit verhältnismäßig wenigen Produkten oft 80 Prozent oder mehr seines Umsatzes. Dieses sind die so genannten A-Produkte. Um seinen Kunden eine ausreichende Auswahl bieten zu können, hält er auch B-Produkte vor, die zumindest halbwegs regelmäßig über den Ladentisch gehen. Doch fällt die Kaufrate unter einen bestimmten Schwellenwert, muss der Offline-Händler sie aus dem Sortiment nehmen. Er schneidet den Rattenschwanz unbeliebter C-Produkte ab, weil bei dem geringen Warenumsatz sich nicht einmal die Lagerkosten einspielen lassen würden. Für den Online-Händler gilt umgekehrt: Die Angebotsvielfalt bei bequemer

Suche ist einer der Hauptgründe für den Aufstieg des Onlineshoppings.

Ein Blick auf heutige Märkte bestätigt Brynjolfssons und Andersons Prognose von damals in vieler Hinsicht. Die wachsende Angebotsvielfalt an physischen Konsumgütern auf den großen Online-Marktplätzen wie Ebay, Amazon und Alibaba stellte im Rückblick betrachtet nur die Vorhut einer Entwicklung dar, die seit Mitte der Nullerjahre fast alle Märkte erfasste und bei der sich Digitalisierung und Globalisierung in ihrer Veränderungswucht gegenseitig verstärkten. Weltweit immer besser organisierte und günstigere Lieferketten vervielfältigten z. B. das Obstangebot zu jeder Jahreszeit mit Früchten aus aller Welt in Supermärkten in aller Welt (ökologische Fragen dabei natürlich außen vor gelassen).

Im Dienstleistungssektor scheint keine Anfrage speziell genug zu sein, als dass sich nicht auf irgendeiner Plattform ein Dienstleister dafür finden ließe, diese zu befriedigen. Tarife bei Versicherungen werden immer feingranularer geschnitten, bis hin zur Losgröße eins, also dem individuellen, einmaligen Versicherungstarif für einen einzigen Kunden. Um von A nach B zu kommen, konnten wir vor Erfindung des Internets zwischen eigenem Fahrrad, eigenem Auto oder den kollektiven Transportmitteln Taxi, Bahn oder Flugzeug wählen. Heute steht uns eine Vielzahl individueller und geteilter Mobilitätsoptionen zur Verfügung, von denen die per App entsicherten Elektrotretroller im Sinne der Long-Tail-Logik nur eine weitere und gewiss nicht die letzte Transportmarktnische bedienen: Wir können mit dem Mietfahrrad zum Bahnhof fahren, den Zug eines privaten Betreibers zum Flughafen nehmen und am Zielflughafen mit dem Elektroroller in unser Hotel fahren.

Inzwischen ist nicht nur die Auswahl für eher banale Kaufentscheidungen oder Urlaubsangebote gestiegen, sondern auch im Zusammenhang mit den großen Entscheidungen, die unser Leben grundlegend prägen. War es in den 1970er Jahren für die meisten Eltern fast ein Automatismus, ihre Kinder in den nächstgelegenen Kindergarten und die örtliche Grundschule sowie direkt im Anschluss auf Grund der erreichten Noten auf eine weiterführende Schule in der Nähe zu schicken, ringen Eltern zumindest in urbanen Milieus heute bei der Kita zäh um die richtige Entscheidung angesichts der Vielfalt der pädagogischen Angebote. Abiturienten haben eine ungleich höhere Auswahl an Optionen, wo auf der Welt sie was studieren könnten. Doch wollen sie vor dem Studium vielleicht ein freiwilliges soziales Jahr absolvieren oder doch lieber Work and Travel in Australien nutzen. Online-Dating wiederum hat die Auswahl bei der Partnersuche radikal erweitert. Die großen Schwierigkeiten der Generation Tinder (benannt nach der erfolgreichsten Dating-App), sich bei der Liebe festzulegen, provozieren schon jetzt eine gewisse Tinder-Müdigkeit. Dies ist ein Musterbeispiel für einen Befund aus der Entscheidungsforschung, den zwei US-Konsumforscher in den 1990er Jahren empirisch unterfütterten und mit einem griffigen Titel versahen: das Marmeladen-Paradoxon.

Das Marmeladen-Paradoxon

Sheena Iyengar von der Columbia University und Mark Lepper aus Stanford ließen in kalifornischen Supermärkten Kunden an Probierständen Marmeladensorten testen und maßen den Erfolg ihrer Marketingaktion am Abverkauf. Dass eine zu große Auswahl grundsätzlich Kaufinteressierte überfordern kann, war vielen Filialleitern von Supermärkten vermutlich auch schon vor dem Feldversuch aufgefallen. Doch die Deutlichkeit der Ergebnisse überraschte die Marketing-Fachwelt dann doch. Wenn Iyengar und Lepper an einem Probiertisch 24 Marmeladensorten kostenlos zur Probe anboten, dann probierten 60 Prozent der Kunden mindestens eine Sorte, doch nur drei Prozent von ihnen kauften dann auch tatsächlich ein Glas. Bei einer Auswahl von nur sechs Marmeladensorten kosteten hingegen nur 40 Prozent der Kunden, doch 30 Prozent stellten sich ein Glas in den Einkaufswagen und machten sich dann auf den Weg zur Kasse.

Der Psychologe Barry Schwartz verallgemeinerte das Marmeladen-Paradoxon hin zu der unter Marketingexperten populären Kernthese: Zu viel Auswahl lähmt Entscheidungen und macht Menschen unglücklich. Wer viel verkaufen will, muss die Auswahl reduzieren. Im Google Play Store werden rund drei Millionen Applikationen angeboten. Doch was nützt das, wenn bereits eine Auswahl von 24 Marmeladen Kunden lähmt und überfordert? Die Digitalisierung hat hierauf zwei Antworten entwickelt: Suchfilter und Empfehlungsalgorithmen.

2008 prägte der New Yorker Medienwissenschaftler Clay Shirky den viel zitierten Satz: »Informationsüberforderung ist nur das Versagen von Filtern.« Die Aussage ist zwar nicht falsch, doch nicht so unumstößlich und allgemeingültig wahr, wie Shirky sie formuliert. Mit Suchfiltern können wir der digitalen Informationsflut spielend leicht Herr werden, falls wir wissen, wonach wir suchen. Wenn wir wissen, dass wir eine Kaffeemaschine kompatibel mit Nespresso-Kapseln, Milchaufschäumfunktion unter 120 Euro suchen, dann lösen die mit den Produkteigenschaften sauber aufgebauten Klassifikationen (die so genannten Taxonomien) der großen Online-Händler mit ein paar Filterklicks unser Problem des Informationsüberflusses. Doch wenn wir nicht genau wissen, nach welcher Kaffeemaschine wir suchen, bewirken die Empfehlungsalgorithmen desselben Händlers das genaue Gegenteil. Sie schicken uns auf eine Entdeckungsreise in die unendlichen Weiten der Warenvielfalt, bei der die Inspiration durch Neues mit jedem zusätzlichen Klick in Informationsüberforderung umschlagen kann.

Nun ist es freilich nicht im Sinne der Online-Händler, uns Kunden in permanente Überforderungssituationen hineinzuzwingen und damit aus ihrer Sicht das statistische Risiko zu erhöhen, dass wir vor dem Bildschirm in die Marmeladen-Paradoxon-Lähmung abgleiten. Zur Aufstiegsgeschichte des Online-Handels und der Berufsgattung der Online-Marketer (die sich selbst auf festival-artigen Konferenzen als »Online Marketing Rockstars« feiern lassen) gehört, dass Filter und Empfehlungsalgorithmen oft als kongeniales Team in Bezug auf jede Form von Abverkaufslogik auftreten. Wenn sie gut programmiert sind und auf ausreichend Daten zurückgreifen können, bereiten die Algorithmen das Angebot so vor, dass wir dies als inspirierend empfinden. Je besser die Filter dann ihren Job machen bzw. das Angebot nach unseren Präferenzen aufbereiten, umso zügiger kommen wir zu einer Kaufentscheidung. Dabei kommt dann den Online-Verkäufern mitunter ein psychologisches Phänomen zugute, das die Analyse-Paralyse zu ihren Gunsten auflösen kann.

Die Gut-genug-Entscheidungen der Perfektionisten

Jeder Mensch hat nur eine bestimmte mentale Bandbreite für Entscheidungen zur Verfügung. Wenn wir sehr viel Energie in eine Entscheidungsfindung gesteckt haben, dann neigen wir irgendwann am Ende zu schnelleren, weniger abgewogenen, oft sogar irrationalen Entscheidungen, dem Impuls folgend: »Jetzt muss aber endlich mal Schluss sein!« Die Entscheidungslähmung kippt dann oft in Entscheidungsaktionismus, also in zu rasche Entscheidungsfindung, weil wir zu wenige Informationen zur Verfügung haben, und dies oft auch noch bei Entscheidungen, die deutlich größere Konsequenzen für unser Leben haben als etwa die Wahl des Smartphones.

Um Suchmaschinen und Filter intelligenter nutzen zu können, ist der erste Schritt die Selbsterkenntnis: Ich frage mich, welcher Entscheidungstyp ich bin. Aufbauend auf den Arbeiten des Kognitionswissenschaftlers und Wirtschaftsnobelpreisträgers Herbert Simon unterscheidet die Entscheidungsforschung uns grobkörnig in so genannte »Satisficer« und »Maximizer«. Satisficer (eine Wortschöpfung aus dem Englischen *satisfying* für ›befriedigen‹ und *sufficing* für ›genügen‹) sind mit jenen Entscheidungen zufrieden, die ihnen im Moment der Entscheidungsfindung als »gut genug« erscheinen. Sie entscheiden entsprechend schnell und sind für Ratschläge empfänglich. Maximizer sind im Vergleich dazu, vom Persönlichkeitsprofil her gesehen, vor der Entscheidung oft Perfektionisten. Sie wollen die bestmöglichen Entscheidungen treffen und haben den Anspruch, möglichst viele Optionen auf Basis möglichst vieler Informationen sorgfältig durchdacht gegeneinander abzuwägen. In der Informationsfülle des Netzes scheitern aber auch die ambitioniertesten Entscheidungs-Maximizer regelmäßig an der Vielfalt. Wenn ihr Entscheidungsenergiereservoir aufgebraucht ist, dann werden auch sie notgedrungen zu Satisficern. Auf diese Weise verstärken diese eigentlich so nachdrücklich um Individualität und Unverwechselbarkeit Bemühten am Ende doch die Gleichförmigkeit, obwohl gerade sie die Vielfalt für ihre perfekten Entscheidungen nutzen könnten.

Unter dem Strich heißt das für (Kauf-)Entscheidungen mit oder im Netz: Wir Menschen könnten die Vielfalt nutzen. Wir haben die Wahl der Wahl. Doch wir werden weiter viel zu oft vor der Auswahl kapitulieren – und entscheidungsermüdet zu schnell Gut-genug-Entscheidungen treffen, die sich im Nachhinein als nicht gut genug erweisen, nur um der Qual der Wahl endlich ein Ende zu machen. Der frühere US-Präsident Barack Obama versuchte, sein Leben von möglichst vielen banalen Routineentscheidungen freizuhalten – er trug immer einen blauen Anzug, immer ein weißes Hemd, immer eine blaue Krawatte –, um den Kopf für die wichtigeren Entscheidungen frei zu haben. Facebook-Gründer Mark Zuckerberg hält es mit der Dauerentscheidung für das graue T-Shirt ähnlich. Diese Metaentscheidung zur Priorisierung dürfte zumindest auf mittlere Sicht deutlich hilfreicher für gute Entscheidungsfindung sein als die Hoffnung auf Assistenten, die uns Entscheidungen zum Kauf des perfekten Smartphones abnehmen. Nach zähem Ringen habe ich übrigens das Nachfolgemodell des verlorenen Handys gekauft. Die Kamera funktioniert ausreichend gut.

VI. Das vollautomatische Unternehmen

Welche Entscheidungen Computer besser treffen können als Manager

Im Sommer 2016 gründeten zwei Brüder aus Sachsen die Firma slock.it. Sie sollte das erste vollautomatische Unternehmen der Welt werden. Ihr Zweck war denkbar einfach. slock.it bot eine integrierte Softwarelösung für Anbieter von Leihfahrrädern, Carsharing oder Elektroautoladesäulen, mit der Nutzer des Services per App Schlösser auf- und abschließen konnten. Die Umsetzung basierte auf einer Blockchain, einer durch Verschlüsselung abgesicherten Methode, Daten dezentral zu verwalten.

Auf die Blockchain setzten die Gründer so genannte *smart contracts* auf. Der wichtigste dieser ›cleveren Verträge‹ hatte eine eher rudimentäre Intelligenz: Jedes Mal, wenn ein Nutzer ein Schloss entriegelte oder zusperrte, wurde automatisch ein kleiner Betrag zugunsten von slock.it fällig. So weit, so einfach. slock.it hatte zudem eine Muttergesellschaft, die nur im Cyberspace existierte, eine so genannte DAO, eine **D**ecentralised **A**utonomous **O**rganisation. DAOs sind Investmentgesellschaften, die über *smart contracts* mit realwirtschaftlichen Unternehmen verbunden sind.

Im Fall von slock.it und der DAO der sächsischen Brüder sah die programmierte Geschäftsbeziehung vor: Wann immer durch die Firma der Brüder mit dem Öffnen und Schließen eines Schlosses Geld verdient worden wäre, hätte die DAO automatisch einen bestimmten Betrag erhalten. Wäre die Summe x überschritten worden, hätte die DAO einen höheren Prozentsatz am Umsatz erhalten. Sollte dem Unternehmen das Geld ausgehen, hätte es für einen gewissen Zeitraum y einen Zahlungsaufschub gegeben. Wäre es zu erfolgreichen Unternehmensausgründungen aus slock.it gekommen, hätte die DAO automatisch z Prozent erhalten. Ihre Idee lautete: »Wenn in einem *smart contract* alles gut durchdacht und sauber programmiert ist, fallen die klassischen Geschäftsführungsaufgaben weg. Zumindest solange sich alles in den definierten Bahnen bewegt.«

Keine Mitarbeiter, keine Fehler, so gut wie keine Kosten. Diese Vision war Anlegern aus der Blockchain-Szene 160 Millionen Dollar für Anteile an slock.it wert, gezahlt in der Kryptowährung Ether. Wenige Monate später lästerte das britische Magazin *The Economist* über die erste große DAO der Welt: »Not-so-clever contracts.« Leider war nicht alles so gut durchdacht und sauber programmiert, bewegte sich nicht alles in den erhofften Bahnen. Hackern war es wenig später gelungen, einen großen Teil der Investitionssumme auf ihre Kryptogeldkonten umzuleiten. In der Blockchain-Szene kam es zu einer erbittert geführten Fehde, wie man mit so einem DAO-GAU umgehen sollte. Die noch verfügbaren Ether wurden schließlich anteilig zurückgezahlt und slock.it samt Muttergesellschaft abgewickelt.

Roboterrendite

Auch wenn das erste große Experiment einer vollautomatisierten Firma mit einem großen Knall gescheitert ist: Wir können aus diesem einiges darüber lernen, wie die Automatisierung von Entscheidungsroutinen in Zukunft in vielen großen Unternehmen ablaufen könnte. *Smart contracts* sind, zumindest dann, wenn sie tatsächlich clever programmiert werden, Softwareagenten, die in Geschäftsbeziehungen in rasender Geschwindigkeit Entscheidungen auf der Grundlage vorweggenommener Situationen aufgrund vorher eindeutig vereinbarter Regeln treffen können. Damit lassen sich unter Umständen sehr wohl geschäftsfähige, stabile und möglicherweise besonders profitable Unternehmen aufbauen. Mit heute verfügbarer virtueller und physischer Technologie ließe sich beispielsweise ein vollautomatischer Onlineshop mit begrenztem Sortiment betreiben, sagen wir für Frühstücks-Cerealien. Diese bieten sich als Produkt an, weil sie ganzjährig gefragt, lange haltbar und leicht zu verschicken sind. Aufbau und Prozesse des Cerealien-Händlers könnten in etwa wie folgt aussehen:

Ein Bot durchsucht andere Onlineshops und stellt auf Basis offenbar erfolgreicher Produkte ein eigenes Sortiment zusammen. Die Firma schließt flexible Lieferverträge mit Herstellern und Großhändlern. Einkaufs-Bots übernehmen das Bestellmanagement basierend auf Echtzeitpreisvergleich, Abverkaufsprognosen und ausschließenden Entscheidungskriterien wie Unzuverlässigkeit von Lieferanten. Die Firma investiert in ein vollautomatisiertes Logistikzentrum. Die Fahrer der Lieferanten müssen die angelieferten Paletten von Verpackungsmaterial befreien und an der Laderampe so positionieren, dass Lagerroboter die Waren greifen und in die Regale einlagern können.

Ein Marketing-Bot wird mit einem Startbudget ausgestattet und mit den gängigen Online-Marketing-Kanälen verknüpft. Er startet, noch überwacht von einem erfahrenen Online-Marketer, mit kleinen Marketingtests, misst permanent die Werbewirkung seiner Werbeanzeigen und optimiert den eigenen Kanalmix nach den gängigen Online-Marketing-Metriken. Die Gestaltung der Anzeigen bleibt möglichst einfach gehalten. Bots haben Zugriff auf Bild- und Textdatenbanken, so dass diese schablonenartig gängige gestalterische Elemente übernehmen. Natürlich geht es dabei immer darum, den niedrigsten Preis zu bieten, den ein Unternehmen ohne Personalkosten erreichen und auch halten kann.

Der Eingang von Kundenbestellungen, die Zahlungsabwicklung sowie die Entscheidung, ob einem Kunden Bezahlung auf Rechnung erlaubt ist oder er Vorkasse leisten muss, laufen bei den meisten Onlineshops ohnehin schon automatisiert ab. Wie in jeder guten Unternehmensplanungssoftware sind Buchhaltung und die Abwicklung der zu leistenden Steuerzahlungen integriert. Roboter wie jene vom Amazon-System Kiva sammeln die Produkte der einzelnen Bestellungen zusammen und bringen sie zu Verpackungsrobotern, welche die Pakete für das Versenden samt Paketaufkleber fertigmachen. Die Mitarbeiter des Paketdienstleisters holen die Pakete an der Laderampe ab. Retouren werden von ihnen an einem bestimmten Ort abgestellt, wo sie Mitarbeiter etwa der örtlichen Tafel abholen können. Die Verlustkosten sind eingepreist.

Sollte der Cerealien-Shop die hohe Investition in ein robotisiertes Versendezentrum scheuen, kann er diesen Prozessschritt freilich auch an einen Dienstleister abgeben. Auch dann bleibt von einem klassischen Unternehmen, also einer hierarchischen Organisation, in der Führungskräfte Mitarbeiter in einem Wertschöpfungsprozess anleiten, nur eine juristische Hülle. Dort arbeiten keine Menschen mehr, sondern ein geschäftsführender Gesellschafter schöpft nach dem Aufbau der betrieblichen Entscheidungs- und Prozessroutinen mit minimalem Kontrollaufwand den Mehrwert automatisierter Arbeit ab.

Robo-Management

Vermutlich wird es so einen Shop in absehbarer Zeit nicht geben, doch einige Elemente dieses Gedankenspiels sind in vielen Unternehmen bereits Realität geworden. Das kanadische KI-Startup Daisy Intelligence bietet für mittelgroße Supermärkte in Nordamerika eine Software an, die den Marktleitern Vorschläge macht, wie sie, bezogen auf ihre örtliche

Kundschaft, das Sortiment und die Positionierung in den Regalen optimieren können, und das Prognosen darüber macht, welche Produkte welcher Marke sie für das kommende Wochenende ins Sonderangebot nehmen sollten und bei welchen Waren die Kunden mit den demographischen Merkmalen im Einzugsbereich auch bei vergleichsweise hohen Preisen zugreifen werden.

Die Entscheidungsvorschläge werden u. a. berechnet aus Abverkaufs- und Kundenkartendaten des jeweiligen Marktes und den Daten der Gesamtheit der Märkte, die die Software nutzen, allgemein verfügbaren Einzelhandels- und Marktinformationen insbesondere zu Einzugsbereich, Wetterprognosen und Verkehrsdaten. In den Nutzerforen des Startups geben einige Marktleiter zu, dass sie längst dazu übergegangen sind, die Vorschläge des Systems ohne Ausnahme anzunehmen, da sie festgestellt haben: Die Maschine entscheidet besser als sie. Wenn dem so ist, braucht es eigentlich keine Manager mehr, sondern nur noch Mitarbeiter, die Regale umräumen und befüllen, wie auch eine Bank auf Sachbearbeiter für Kreditanträge verzichten kann, wenn ohnehin ein algorithmisch errechneter Kreditscore über die Frage entscheidet: kreditwürdig oder nicht? In vielen Online-Banken ist genau das der Fall, und sie haben oft eine geringere Kreditausfallquote als Filialbanken, in der Bankangestellte bei der Kreditentscheidung ihre Menschenkenntnis und ihr Bauchgefühl als Entscheidungsvariable in die Kreditbewilligung einfließen lassen.

Auch die vornehmste und vermutlich menschlichste Entscheidungskategorie des Managements, die Entscheidung über die Neueinstellung welcher Bewerber, steht inzwischen in wachsender Konkurrenz zu Algorithmen. Insbesondere in der angelsächsischen Geschäftswelt ziehen bei großen Unternehmen so genannte HR-Bots ein. Diese treffen bislang meist mit Hilfe definierter Kriterien in Online-Bewerbungstests und bei eingereichten Lebensläufen eine Vorauswahl aus interessanten Kandidaten, die dann zu Vorstellungsgesprächen oder Assessment-Centern eingeladen werden. Die endgültige Entscheidung über die Einstellung treffen weiterhin HR-Manager; doch es mehren sich die Anzeichen, dass es ähnlich wie bei den Kreditvergaben keine gute Metaentscheidung ist, Menschenkenntnis entscheiden zu lassen. In einem großangelegten Experiment ließen britische Wissenschaftler interdisziplinäre Teams bestehend aus einem HR-Bot und erfahrenen Teamleitern zusammenstellen. Bots und Chefs hatten Zugriff auf die gleichen Informationen über die Qualifikation und die in Tests gemessenen Persönlichkeitseigenschaften der Talente. Die Teams traten dann zu einem Wettbewerb über zu lösende Aufgaben an, bei denen am Ende die von Algorithmen zusammengestellten Teams statistisch signifikant besser abschnitten. Als Ergebnis aus solchen wissenschaftlichen Experimenten sind inzwischen Softwareangebote entstanden, die nicht nur für datenfixierte Hedgefonds wie Bridgewater Teams zusammenstellen, sondern auch bei konservativen

Ölkonzernen wie der niederländischen Unternehmensgruppe Shell.

Es mag nicht unserem menschlichen Selbstbild entsprechen, doch bei der Bewertung anderer Menschen unterliegen wir besonders stark verzerrten Wahrnehmungen, von denen Sympathie und Antipathie nur die offenkundigsten sind. Insofern könnte die maschinelle Fähigkeit des Debiasing bei der Beurteilung menschlicher Eigenschaften oder Qualifikationen zu mehr Objektivität und Fairness führen. Dies meinen auch die über 8000 Befragten einer weltweit durchgeführten Studie zu so genannten Robo-Bossen. In der Science-Fiction-Literatur ist der machtbesessene Computer meist ein emotionsloser Unsympath, der Menschen beherrschen oder mitunter auch ausrotten will. In der von dem amerikanischen Softwareanbieter Oracle in Auftrag gegebenen Umfrage halten 64 Prozent einen Robo-Boss für vertrauenswürdiger als einen menschlichen Chef.

Diese Zahl mag zunächst mehr über den gegenwärtigen Zustand der Beziehungen am Arbeitsplatz heute aussagen als über real existierende Robo-Bosse, die es ja nur sehr vereinzelt gibt, zum Beispiel in japanischen Lagerhäusern. Gleichzeitig ist offenkundig: Computer mit Entscheidungskompetenz und Weisungsbefugnis haben eben einfach keine persönlichen Lieblinge, denen sie die besten Schichten im Dienstplan zuschustern. Das Asoziale der Maschine schlägt dialektisch zu sozialer Kompetenz um. Robo-Manager haben niemals schlechte Laune, werden nicht persönlich oder zynisch, machen keine Witze auf Kosten anderer und sind nicht beleidigt, wenn jemand Kritik übt, einen Verbesserungsvorschlag macht oder wirklich mal eine neue, umwerfende Idee hat. Ein Robo-Boss wird niemanden in Machtspielchen und Kompetenzgerangel verwickeln, und er wird Feedback ausschließlich auf Basis von Fakten geben, die ihm in Form maschinenlesbarer Informationen zur Verfügung stehen. Mit an Sicherheit grenzender Wahrscheinlichkeit hätte eine KI bei einem großen Automobilhersteller auch niemals und unter keinen Umständen die Entscheidung getroffen, eine Abgasregelungssoftware so manipulieren zu lassen, dass sie Abgastests austrickst. Denn zum einen hätte es keines Supercomputers bedurft, um zu erkennen, dass der mögliche Nutzen einer solchen Gaunerei in keinem Verhältnis zum potentiellen Schaden steht. Doch vor allem sind Softwaresysteme darauf programmiert, Regeln zu befolgen. Und genau hier liegt auch die logische Grenze, warum Computer zwar Entscheidungsroutinen übernehmen können, vermutlich in deutlich größerem Umfang, als die mittlere Managementebene mit ihren begrenzten Entscheidungsspielräumen sich das vorstellen kann oder möchte. Doch werden Künstliche Intelligenzen niemals ein Unternehmen führen können, denn sowohl das echte Experiment der Blockchain-Firma slock.it als auch das Gedankenexperiment des Cerealien-Online-Handels fußen auf maximaler Standardisierung aller betrieblichen Funktionen. Damit lassen sich allenfalls Kostenvorteile in

Märkten oder Marktnischen erzielen, die sich nicht verändern und in denen nichts Unvorhergesehenes passiert. Marktwirtschaft zeichnet sich jedoch gerade durch ihre ständige Veränderung aus. Die dort erfolgreichen Akteure überzeugen durch die Fähigkeit, Veränderungen selbst herbeizuführen oder zumindest schneller und flexibler auf neue Anforderungen zu reagieren, wenn im Chaos der Komplexität die Dinge mal wieder nicht laufen wie erwartet.

Die unflexible Maschine

Gutes Management besteht darin, andere in einem Wertschöpfungsprozess möglichst gut anzuleiten. Gute Manager weisen dabei mindestens vier Qualitäten auf:

1. Sie müssen extrem unterschiedliche Informationen zusammenführen und in Bezug auf Situationen bewerten, die es in der Form noch nie gab.
2. Sie müssen geschickt mit alten und neuen Geschäftspartnern verhandeln können.
3. Dies setzt die Fähigkeit voraus, komplexe Gespräche zur Zufriedenheit aller Beteiligten zu führen.
4. Zumindest solange Menschen noch in Unternehmen arbeiten, müssen Manager andere Menschen mitreißen und die Bedingungen schaffen, dass diese motiviert arbeiten können.

Von alledem sind künstlich-intelligente Maschinen weit entfernt. In Bezug auf die vierte Qualität guter Manager sind Algorithmen bisher vollkommen orientierungslos. Die ureigentliche Aufgabe von Unternehmen besteht darin, aus Ideen marktfähige Produkte zu entwickeln, die ein Problem von Kunden lösen oder ein Bedürfnis befriedigen. Maschinen haben keine Ideen. Und Innovationsprozesse werden sich niemals in von Computern prozessierbaren Entscheidungsroutinen in Wenn-dann-Logik abbilden lassen. Routinen sind eine Form der Wiederholung. Mit ihnen lässt sich nur Bekanntes hervorbringen, nicht aber das Unbekannte. Und das macht das Wesen von Innovation aus.

Von dem österreichischen Nationalökonomen Joseph Schumpeter stammt der Satz: »Nicht-innovative Unternehmen verschwinden vom Markt.« Dazu bedarf es nicht einmal eines Hacks und der Entwendung vieler Millionen Dollar in einer Kryptowährung. Eine kleine, von den Programmroutinen nicht vorbedachte Veränderung des Marktumfeldes würde reichen, und der Robo-Boss wüsste nicht mehr, was er tun soll.

E=K+V
ΔX=Xp-Xi
E=mc2
NH2-CH2

VII. Intuitionsassistenz

Warum uns Maschinen dabei helfen können, uns selbst zu hinterfragen

Die meisten Piloten müssen in ihrer beruflichen Laufbahn nie beweisen, dass sie tatsächlich gute Piloten sind. Zum Glück kommen sie kein einziges Mal in eine richtig gefährliche Situation, denn kaum ein anderer Beruf wird so stark – und so erfolgreich – von Sicherheitsroutinen bestimmt wie ihrer. Die Sicherheitschecklisten der Luftfahrt sind nichts anderes als von Menschen ausgeführte Algorithmen. Deren wichtigstes Ziel lautet, Gefahrensituationen von vorneherein zu vermeiden, so dass die Passagiere dank einer Serie einfacher Routineentscheidungen immer sicher am Zielflughafen ankommen. Die Algorithmen in den Autopiloten nehmen den Entscheidern im Cockpit heute wiederum einen großen Teil ihrer Arbeit ab, solange alles in bekannten Bahnen läuft. Die Fluggäste von US-Airways 1549 von New York LaGuardia nach Seattle hatten am Nachmittag des 15. Januar 2009 großes Glück, dass Chesley B. »Sully« Sullenberger am Steuerknüppel saß.

Sullenberger lernte das Fliegen nicht in einer kommerziellen Flugschule, sondern an der U.S. Air Force Academy. Sieben Jahre flog er als Kampfjetpilot. 1980 wechselte er in die zivile Luftfahrt, engagierte sich neben seiner Arbeit im Cockpit als Sicherheitsbeauftragter und Ausbilder der amerikanischen Pilotenvereinigung Alpa und Flugunfallsachverständiger der US-Flugverkehrsbehörde. An jenem sonnigen Nachmittag im Januar 2009 stellte Sullenberger unter Beweis, was er wirklich konnte. Sein Airbus 320 war keine drei Minuten in der Luft, da steuerte ein Schwarm Kanadagänse in bilderbuchartiger Flugformation auf die Maschine zu. In 1000 Meter Höhe über der Bronx hörten die Passagiere es mehrfach laut krachen. Wenige Sekunden später meldete der Kapitän per Funk an die Flugsicherung: »Vogelkollision. Haben Schub in beiden Turbinen verloren. Wir kehren nach La-Guardia zurück.«

Mit einer Turbine kann ein Jet in der Regel sicher landen. Doch die fünf Kilo schweren Kanadagänse hatten bei US-Airways 1549 beide Triebwerke lahmgelegt. Die Maschine konnte nur im Gleitflug weiterfliegen. Das dreiseitige Sicherheitsprotokoll für doppelten Triebwerksausfall bei einem Airbus 320 sieht vor, die Zündung auszustellen, den Flugcomputer zurückzusetzen und im Anschluss zu versuchen, die Turbinen neu zu starten. Das Protokoll ist für den Ausfall in der Reiseflughöhe von rund 10 000 Metern gedacht: Man hätte also mit ausreichend Zeit im Gleitflug das Protokoll Schritt für Schritt und gewissenhaft abarbeiten sollen. Chesley Sullenberger und sein erster Offizier Jeffrey Skiles hatten diese Zeit nicht. Die Piloten sammelten mit menschlicher Sensorik einen einzigen Datenpunkt für eine Entscheidung, an der das Leben von 155 Menschen hing: Sie drehten die Maschine Richtung Flughafen-Tower und wendeten eine alte Piloten-Daumenregel an: Fixiere die Spitze des Turms. Wenn diese in der Cockpitscheibe nach oben steigt, schaffst du es nicht mehr bis dorthin. Der Tower wanderte nach oben. Sullenberger entschied, Kurs auf den Hudson River zu nehmen. Das Landemanöver bei der Notwasserung auf Höhe der 48. Straße von Manhattan ging als eine der großen Meisterleistungen in die Luftfahrtgeschichte ein – so groß, dass es 2016 von Clint Eastwood unter dem Titel *Sully* mit Tom Hanks in der Hauptrolle verfilmt wurde.

Bei Wasserlandungen reißt in der Regel eine Turbine vor der anderen ab. Leicht gerät dann die Maschine auf dem Wasser ins Schleudern und zerbricht. Chesley Sullenberger hatte nicht nur unter hohem Zeitdruck mit der relevanten Information und ihrer heuristischen Verarbeitung die richtige Option mit der höchsten Chance auf das Überleben aller Beteiligten gewählt. Dem ehemaligen Kampfpiloten gelang im manuellen Steuermanöver außerdem eine nahezu perfekte Landung, bei der er die Sicherheitssysteme austrickste: Im letzten Moment riss er vor dem Aufprall den Steuerknüppel so weit wie möglich nach hinten. So konnte das Sicherheitssystem, das eigentlich dafür gedacht ist, zu starke Steuerimpulse von Piloten zu dämpfen, ihn nicht mehr korrigieren. Der Pilot tat dabei etwas, das in normalen Flugsituationen hochgefährlich ist. Doch hier war es überlebensnotwendig, denn die Kombination aus Übersteuerung und Dämpfung ergab auf dem Hudson River den perfekten Landewinkel.

Die Maschine brach nicht auseinander. Kaum dümpelte sie auf dem Fluss, leitete die Crew die Evakuierung ein. Fähren steuerten umgehend Richtung Flugzeug und nahmen die Passagiere auf. Kapitän Sullenberger ging noch zwei Mal durch die Kabine, um sich zu vergewissern, dass auch wirklich alle Passagiere und die Crew das Flugzeug verlassen hatten. Dann ging er als Letzter von Bord.

Mensch in Maschine

Wir Menschen lieben Heldengeschichten. Chesley Sullenberger wurde deshalb zum Helden, weil er in einer außergewöhnlichen Situation, die jeden Autopiloten neuester Generation hoffnungslos überfordert hätte, immer genau wusste, was er als Nächstes zu tun hatte.

Bei vielen Unglücken in der Luftfahrt geschieht leider das genaue Gegenteil, so beim Absturz der Flydubai 981 im März 2016 am russischen Flughafen Rostow am Don. Bei Scherenwinden am Boden hatten die Piloten der Boeing 737 gegen 22.30 Uhr einen ersten Landeanflug abgebrochen, die Triebwerke gemäß Sicherheitsprotokoll wieder durchgestartet und waren dann auf sicherer Höhe gekreist, um in aller Ruhe auf besseres Wetter zu warten. Andere Maschinen wichen auf andere Flughäfen aus. Im Cockpit kam es vermutlich zum Streit darüber, ob man weitere Landeversuche unternehmen oder, für Passagiere und Crew unbequem und für die Airline wegen des höheren Spritverbrauchs teurer, ebenfalls einen anderen Flughafen ansteuern sollte. Der Kapitän war elf Tage am Stück im Dienst gewesen und nach Zeugenaussagen von Bodenpersonal schon beim Start völlig erschöpft gewesen. Um 0.28 Uhr entschied er, einen zweiten Versuch zu wagen.

Auch dieser Anflug musste abgebrochen werden, die Piloten starteten wieder durch und begingen dabei durch falsche Trimmung der Höhenflosse einen katastrophalen Steuerfehler. Jeder gängige Autopilot hätte diesen Routineablauf wohl mühelos durchgeführt und in sturer Präzision so oft wiederholen können, bis eine sichere Landung möglich gewesen wäre. Flydubai 981 schlug jedoch eine Minute später im Sturzflug neben der Landebahn auf. Alle 55 Menschen an Bord starben, weil zwei Menschen falsche Entscheidungen getroffen, sich selbst überschätzt und ihr Handwerk nicht beherrscht hatten.

Dies kommt leider häufiger vor, als wir denken. Rund 80 Prozent der schweren Unfälle in der kommerziellen Luftfahrt gehen auf menschliche Fehleinschätzungen und Pilotenfehler zurück. In der privaten Fliegerei dürfte die Quote noch weit höher liegen.

Logikwechsel

»Intelligenz ist das, was wir benutzen, wenn wir nicht wissen, was zu tun ist«, meint der Pädagoge und Kognitionsforscher Jean Piaget. Er bringt damit auf den Punkt, was menschliche Entscheidungsintelligenz und die Grenzen maschineller Entscheidungsassistenz charakterisiert. Maschinen bewegen sich mit schlafwandlerischer Sicherheit in algorithmischen, also logischen Systemen, jedoch nur, insofern sich der Algorithmus auf die gegebene Situation anwenden lässt. Lineare Entwicklungen leuchten uns ein, doch haben wir Menschen oft Probleme mit der Logik, insbesondere wenn es kompliziert wird und wir beispielsweise exponentiell denken müssen. Nehmen wir an, dass es in einer Stadt fünf neue Grippekranke pro Woche gibt, nach fünf Wochen hätte man dann 5 + 5 + 5 + 5 + 5 = 25 Erkrankte – das wäre ein lineares Wachstum. Exponentiell sähe das anders aus: Nehmen wir an, dass es bei einer Epidemie fünf Erkrankte in einer Stadt gibt, von denen jeder im Schnitt 1,4 weitere Personen ansteckt. Man spricht dann von einem Reproduktionswert R = 1,4 und einem Wachstumsfaktor von 2,4. In der zweiten Woche würden diese fünf Leute sieben weitere anstecken, diese insgesamt zwölf Erkrankten vermehrten sich eine Woche später auf insgesamt 29, dann auf 69. Nach sechs Wochen gäbe es dann (aufgerundet) bereits 956 Infizierte – und so weiter. Für unsere Beispielrechnung ignorieren wir, dass Erkrankte irgendwann wieder gesund werden (können), sie würde vereinfacht so aussehen:

$$f(6) = 5 \times 2{,}4 \times 2{,}4 \times 2{,}4 \times 2{,}4 \times 2{,}4 \times 2{,}4 = 956$$

Maschinen haben mit Exponentialfunktionen freilich keine Schwierigkeiten, nicht einmal Taschenrechner. Doch verfügen wir Menschen im Unterschied zu fast allen ausgefeilten KI-Anwendungen über die Fähigkeit, logische Systeme zu wechseln, wenn wir merken: Die Situation ist anders als erwartet. Dann ziehen wir aus unserem Erfahrungswissen Rückschlüsse auf bis dahin unbekannte Situationen.

Gute Entscheider unterscheidet von den weniger guten, dass sie in unklaren Entscheidungssituationen schnell erkennen, welches die beste Entscheidungsstrategie ist. Sie prüfen, ob es sich lohnt, auf weitere Informationen zu warten oder auf unbekanntem Terrain gezielt relevante Daten durch Experimente selbst zu erzeugen. Auf solche Weise führen Online-Werber systematisch Tests zu Klickraten auf ihre Anzeigen durch, wohingegen der Daimler-Konzern mit einer kleinen Smart-Flotte in der mittelgroßen Studentenstadt Ulm sein Carsharing-Angebot Car2go testete, bevor es den Dienst weltweit ausrollte. Gute Entscheider erfassen die wesentlichen Prädiktoren für mögliche Zukünfte. Oder profan ausgedrückt: Sie wissen, worauf es vor allem ankommt, damit die Entscheidung mit höherer Wahrscheinlichkeit vorteilhafte Konsequenzen hat. Sie haben einen guten Blick dafür, ob eine aufwändige Datenanalyse hilfreich wäre oder ob es aufgrund des Zeitmangels wesentlich sinnvoller wäre, ähnlich wie der Pilot Sully in New York eine Daumenregel anzuwenden und in der Situation auf den wichtigsten Prädiktor von allen zu schauen. Die besten Entscheider spüren (oder wissen) dann sogar noch, welche Heuristik in dem jeweiligen Entscheidungskontext die beste ist.

Judea Pearl und die »Machine Reasoning«-Community verfolgen das Ziel, Computer weise zu machen. Vorausgesetzt, dass sie die Kausalzusammenhänge kennen, so die Hoffnung, könnten die schlussfolgernden Maschinen das Beste aus menschlicher und maschineller Welt verbinden. Diese Computer würden dann über gesunden Menschenverstand verfügen, wüssten, wann sie für welche Art der Entscheidungen auf welche Prädiktoren schauen müssten, und verfügten gleichzeitig über nahezu unbegrenzte Rechenkraft für ihre Big-Data-Analysen in allen Entscheidungskontexten, in denen Datenreichtum herrscht. Der Weg zur so genannten starken Künstlichen Intelligenz wäre dann nicht mehr gar zu weit, also zu Computern, wie sie der Science-Fiction-Autor und Erfinder Raymond »Ray« Kurzweil, der MIT-Forscher Max Tegmark oder der Oxford-Philosoph Nick Bostrom als wahlweise utopischen oder dystopischen, aber in jedem Fall wahrscheinlichen Verlauf der Technikentwicklung ankündigen.

Nach heutigem Entwicklungsstand der Technik sind die Hoffnungen auf oder die Angst vor starker KI eher unbegründet. Niemand kann vorhersagen, welche kognitiven Fähigkeiten Computer in 100 oder 200 Jahren simulieren können. Doch wissenschaftlich gesichert ist: Wir kennen heute keinen technologischen Pfad, auf dem Menschen eine künstliche

Superintelligenz entwickeln könnten. Das Problem der KI-Forscher und Datenwissenschaftler heute lässt sich viel profaner beschreiben: Wir haben Ideen und Werkzeuge, wie wir mit Massendatenanalyse und KI einen Virusausbruch frühzeitig erkennen und dann effizient und effektiv seuchenhygienisch bekämpfen könnten. Wir haben Wissenschaftler und Start-ups, die behaupten, in der Lage zu sein, dank Computersimulation von Molekülen und RNA-Analysen mit Hilfe maschinellen Lernens in kürzester Zeit Impfstoffe zu entwickeln. Doch wenn wir genau das brauchen, wie beim Ausbruch des Coronavirus, dann versagt die Künstliche Intelligenz, und Menschen treffen erst viel zu spät die notwendigen Entscheidungen.

Nicht KI hat Corona (halbwegs) unter Kontrolle gebracht, sondern neue Routinen wie gründliches Händewaschen und sozial-intelligentes Verhalten beim Social Distancing. Das ist freilich nicht den nicht ganz so intelligenten Maschinen vorzuwerfen, sondern uns Menschen, denen es nicht gelingt, die Möglichkeiten des Datenreichtums ausreichend intelligent für die Entscheidungsfindung zu nutzen. Dazu würde ein realistischer Blick auf die Datenlage gehören, also auf die Erkenntnis, dass wir entgegen den großen Versprechen der Big-Data-Verkäufer in vielen Kontexten weiter mit bitterer Datenarmut zurechtkommen müssen.

Der Entscheidungsforscher Francis de Véricourt von der European School of Management and Technology in Berlin beschreibt diese digitale Ambivalenz am Beispiel von Diagnostik und therapeutischer Entscheidung bei Krebs: Bildverarbeitende KI-Systeme können besser als die besten Hautärzte der Welt vorhersagen, ob sich ein Leberfleck zu einem bösartigen Melanom entwickeln wird oder nicht. Sie haben dazu Hunderttausende Bilder mit Metainformationen, die sie als historische Lerndaten für ihre Diagnosen nutzen können. Doch es gibt bislang keine vergleichbaren Systeme, die einem Onkologen die komplizierten Therapieentscheidungen für die vielen bösartigen Formen innerer Krebsarten abnehmen könnten. Es fehlen schlicht und einfach die relevanten Daten.

Damit eine Maschine eine gute Prognose abgeben könnte, welche Therapie unter einer Vielzahl von Möglichkeiten – von kleiner Chemo (mit welchen Medikamenten) bis Operation (in welcher Art) – die besten Erfolgsaussichten hat, müsste sie eine Vielzahl ähnlicher Fälle kennen, und das heißt konkret: Menschen mit sehr ähnlicher DNA, im Idealfall genetische Zwillinge, müssten im gleichen Alter bei gleicher Lebensweise den gleichen Krebstypus gleicher Schwere oder Ausprägung gehabt haben und dann erfolgreich behandelt worden sein. De Véricourt vermutet mit einiger Berechtigung: »Diese Daten werden wir nie haben.« Erschwerend kommt hinzu, dass wir heute und auf absehbare Zeit viel zu wenig von Krebs verstehen, um überhaupt zu wissen, welche Daten wir denn nun sammeln müssen, damit Computer statistische Rückschlüsse aus ihnen ableiten können.

Kein Ende der Theorie

2009, zu Beginn der Big-Data-Euphorie, schrieb der Silicon-Valley-Vordenker und Chefredakteur des *Wired Magazine*, Chris Anderson, seinen vielbeachteten Text mit dem Titel »The End of Theory«. Seine Prognose damals lautete:

> Dies ist die Welt, in der Big Data und angewandte Mathematik jedes andere Erkenntniswerkzeug ersetzen. Weg mit jeder Theorie zum menschlichen Verhalten – von der Linguistik bis zur Soziologie! Vergesst Taxonomie, Ontologie und Psychologie! Wer weiß schon, warum Menschen sich so und nicht anders verhalten? Der Punkt ist, sie tun es, und wir können es mit beispielloser Genauigkeit messen und erfassen. Wenn wir nur genug Daten haben, sprechen sie für sich selbst.

Ein gutes Jahrzehnt später können wir je nach Perspektive und Anwendungsfall entweder enttäuscht oder erleichtert feststellen: Die Welt ist unberechenbar geblieben. Die Daten sprechen nicht für sich selbst. Die vielen Hundert Milliarden Dollar öffentlicher Forschungsgelder und privatwirtschaftlicher Investitionen in Massendatenanalyse und maschinelles Lernen werden von der Komplexität des Lebens ausgekontert. Sie haben die Grenze zwischen Vorhersagbarkeit und Chaos ein klein wenig zugunsten der Statistiker verschoben.

Und der Laplace'sche Dämon, der die Zukunft vollständig ausrechnen und vorhersagen kann, bleibt vorerst ein erkenntnistheoretisches Gedankenspiel, eine Phantasie: 1814 fragte sich der französische Mathematiker, Philosoph und Astronom Pierre-Simon Laplace, ob nicht alle Naturgesetze in einer geschlossenen mathematischen Weltformel zu fassen sind. Diese mathematisch beschreibbaren Gesetze müssten dann nicht nur für alle Himmelskörper gelten, sondern für jedes einzelne Atom im Universum. Konsequent zu Ende gedacht hieße dies, unser Leben wäre vorherbestimmt. Ein allwissender Dämon könnte also alles mit der Weltformel vorhersagen. Die Heisenberg'sche Unschärferelation besagt vereinfacht gefasst, dass unsere Beobachtung den beobachteten Gegenstand schon immer verändert: An die Sache selbst kommen wir nie heran. Ähnlich geht es auf Quantenebene zu. Man könnte befürchten, dass die quantentheorietypische Unschärfe uns ständig verfolgt. Wir müssen entscheiden, obwohl man letztlich nichts Genaues wissen kann. Im Sinne der Gesetze der Quantenmechanik können wir uns aber einer Sache absolut sicher sein: dass wir Entscheidungen in Unsicherheit treffen müssen – und dies auch dürfen. Wir sind für unsere Entscheidungen und damit für unser Glück weiter selbst verantwortlich. Das sollte uns ein zusätzlicher Ansporn dafür sein, unsere Entscheidungsfindung zu verbessern. Dabei können uns Datenreichtum und maschinelles Lernen unter Umständen auf einer ganz anderen Ebene helfen, als dies zurzeit diskutiert wird.

Künstliche Intuition

Seit den Arbeiten von Herbert Simon in den 1950er Jahren stehen wir Menschen als Wesen mit eingeschränkter Rationalität unter dem Generalverdacht, systematisch schlechte Entscheidungen zu treffen. Spätestens seit dem Nobelpreis für Daniel Kahneman kennen wir den Grund für unsere Entscheidungsschwäche: Das biologisch in unser Gehirn codierte System 1 mit seinen verzerrenden Instinkten torpediert permanent die rationale, bezogen auf unsere Ziele deutlich objektivere Entscheidungsfindung in System 2.

Dieses von der Verhaltensökonomie zur Allgemeinbildung erhobene Narrativ ist im Hinblick auf die Kernfrage dieses Buchs, wie wir mit Hilfe von Daten und KI besser informierte Entscheidungen treffen können, in doppelter Hinsicht interessant: KI-Systeme stehen heute ihrerseits unter Generalverdacht, dass sie die menschliche Bias verstärken und skalieren. Sie gelten als »Weapons of Math Destruction«. Die genannten Beispiele für die soziale Sprengkraft der Algorithmen sind dabei immer die gleichen. Ein Amazon-Recruiting-System diskriminiert weibliche Programmiererinnen, weil es in den Lerndaten nur Männer als Programmierer findet und die falschen Schlüsse aus den Daten zieht. Die amerikanische Justiz-Software COMPAS zur Prognose von Rückfallquoten von Strafgefangenen, die vorzeitig aus der Haft entlassen werden könnten, verstärkt rassistische

Entscheidungen von Richtern. Scoring-Algorithmen diskriminieren solvente Bankkunden, die an der falschen Adresse wohnen. Ein französisches System schickt die Abiturienten aus den heruntergekommenen Vororten bzw. den Banlieues auf die schlechteren Universitäten, die in der Nähe der sozial prekären Vorstädte liegen, und nicht in die bürgerlichen Viertel im Zentrum. Im Einzelfall mag es diese negativ verstärkenden Effekte tatsächlich geben, auch wenn beispielsweise der Amazon-Recruiting-Bot nie wirklich Programmierer rekrutiert hat, sondern nur ein Test war, dem keine einzige Programmiererin in einem realen Bewerbungsprozess zum Opfer fiel.

Der springende Punkt hier ist: Maschinelles Lernen eignet sich hervorragend dafür, menschliche Bias bei Entscheidungen offenzulegen und zu korrigieren. Amazons Personalverantwortliche können das System jederzeit auf Bias testen, indem sie Lebensläufe mit gleichem Qualifikationsniveau einfüttern und dann feststellen, ob sie illegalerweise ein Geschlecht, eine bestimmte Hautfarbe oder eine sexuelle Orientierung bevorzugen. Die Vorurteile eines menschlichen Entscheiders lassen sich nicht so leicht systematisch aufdecken und beheben.

Auf der anderen Seite könnten KI-Systeme künftig Forschern und Innovatoren aller Branchen und Bereiche kräftige Schubser verpassen, ihre festgefügten Annahmen und ihre wissenschaftlich abgesichert scheinenden Modelle zu hinterfragen. Als die Google-Maschine AlphaGo im März 2016 einen der besten

Go-Spieler Lee Sedol in einer ähnlich interessanten Maschine-gegen-Mensch-Serie wie einst Deep Blue gegen Kasparow bezwang, wurde der Spieler von den Zügen der KI immer wieder überrascht, und seine Verblüffung war ihm auch immer wieder ins Gesicht geschrieben. Das lernende System stellte in Frage, was menschliche Spieler für unumstößliche Regeln erfolgversprechender Spielentscheidungen hielten. Wenn wir rational und in System 2 über komplizierte oder komplexe Entscheidungen grübeln, kommt automatisch immer wieder unser System 1 ins Spiel. Unser Gefühl sagt uns dann, dass irgendwas nicht stimmt: Ich habe etwas übersehen, oder eigentlich passt eine ins Auge gefasste, eigentlich logisch sinnvolle Option gar nicht zu meinen Zielen.

Unsere Entscheidungsfindung rechtzeitig zu hinterfragen, könnte zu den wichtigsten Aufgaben von KI-Entscheidungsassistenten avancieren. Sie können uns helfen, unsere Entscheidungen stärker in System 2 zu treffen, indem sie unsere Intuition unterstützen und uns helfen, unsere Entscheidungsfindung im Hinblick auf unsere Ziele stärker zu hinterfragen. Damit kämen wir häufiger dem eigentlichen Ziel von Entscheidungen näher: mit unseren Entscheidungen glücklich zu werden.

Quellen und weiterführende Literatur

Agrawal, Ajay / Gans, Joshua / Goldfarb, Avi: Prediction Machines. The Simple Economics of Artificial Intelligence. Boston 2018.
Anderson, Chris: The Long Tail – Der lange Schwanz. Nischenprodukte statt Massenmarkt. Das Geschäft der Zukunft. München 2007.
Bauer, Peter / Thorpe, Alan / Brunet, Gilbert: »The Quiet Revolution of Numerical Weather Prediction«. In: Nature 525 (2015) S. 47–55.
Bauer, Thomas: Die Vereindeutigung der Welt. Über den Verlust an Mehrdeutigkeit und Vielfalt. Stuttgart 2018.
Bostrom, Nick: Superintelligence. Paths, Dangers, Strategies. Oxford 2014.
Christian, Brian / Griffiths, Tom: Algorithms to Live by. The Computer Science of Human Decisions. London 2016.
Decision Education Foundation: Decision Quality. The Fundamentals of Making Good Decisions. 2009. Online-Publikation: https://1317f8a6–77e2–9b54-c3ca-78b27f9ded71.filesusr.com/ugd/d3c97e_51290f31df79491ca77fcb90284e334b.pdf [8. 7. 2020].
Gigerenzer, Gerd: Risiko. Wie man die richtigen Entscheidungen trifft. Übers. von Hainer Kober. München 2013.
Hammond, John S. / Keeney, Ralph L. / Raiffa, Howard: Smart Choices. A Practical Guide to Making Better Life Decisions. Boston 1999.
Heath, Chip / Heath, Dan: Decisive. How to Make Better Decisions in Life and Work. London 2014.
IATA Safety Report [on Human and Machine Errors in the Aviation Industry]. 2003. Online-Publikation: http://www.boeing.com/commercial/aeromagazine/articles/qtr_2_07/article_03_2.html [8. 7. 2020].
Iyengar, Sheena / Lepper, Mark: When Choice Is Demotivating.

Can One Desire Too Much of a Good Thing? In: Journal of Personality and Social Psychology 79 (2000) S. 995–1006.
Krogerus, Mikael / Tschäppeler, Roman: The Decision Book. Fifty Models for Strategic Thinking. Übers. von Jenny Piening. London 2017.
Mayer-Schönberger, Viktor / Cukier, Kenneth: Big Data. A Revolution That Will Transform How We Live, Work and Think. London 2013.
Mayer-Schönberger, Viktor / Ramge, Thomas: Das Digital. Markt, Wertschöpfung und Gerechtigkeit im Datenkapitalismus. Berlin 2017.
– »Are the Most Innovative Companies Just the Ones With the Most Data?«. In: Harvard Business Review (2018). Online: https://hbr.org/2018/02/are-the-most-innovative-companies-just-the-ones-with-the-most-data [8. 7. 2020].
– »A Big Choice for Big Tech. Share Data or Suffer the Consequences«. In: Foreign Affairs 97 (2018) S. 48–54.
McGlynn, Elizabeth A. [u. a.]: The Quality of Health Care Delivered to Adults in the United States. In: New England Journal of Medicine 348 (2003) S. 2635–45. Online: https://www.nejm.org/doi/pdf/10.1056/nejmsa022615 [8. 7. 2020].
Meissner, Philip: Entscheiden ist einfach. Wenn man weiß, wie es geht. Frankfurt a. M. 2019.
O'Neil, Cathy: Weapons of Math Destruction. How Big Data Increases Inequality and Threatens Democracy. New York 2016.
Ramge, Thomas: Mensch und Maschine. Wie Künstliche Intelligenz und Roboter unser Leben verändern. Stuttgart 2018.
– Postdigital. Wie wir Künstliche Intelligenz schlauer machen, ohne uns von ihr bevormunden zu lassen. Hamburg 2020.
Schwartz, Barry: The Paradox of Choice. Why More Is Less. New York 2009

Simon, Herbert: »Theories of Decision-Making in Economics and Behavioural Science«. In: The American Economic Review 49 (1959) S. 253–283.
Spiegelhalter, David: The Art of Statistics. Learning from Data. London 2019.
Sull, Donald / Eisenhardt, Kathleen M.: Simple Rules. How to Thrive in a Complex World. Boston / New York 2015.
Thaler, Richard / Sunstein, Cass: Nudge. Improving Decisions about Health, Wealth and Happiness. London 2009.
Weizenbaum, Joseph: Die Macht der Computer und die Ohnmacht der Vernunft. Übers. von Udo Rennert. Frankfurt a. M. 1977.

Zum Autor

THOMAS RAMGE forscht und schreibt an den Schnittstellen von Technologie, Ökonomie und Gesellschaft. Er hat bislang 15 Sachbücher veröffentlicht, darunter den Spiegel-Bestseller *Die Flicks* sowie die Standardwerke *Data Unser* und *Das Digital*. Seine Texte zu den großen digitalen Veränderungsprozessen erscheinen unter anderem in *brand eins*, *The Economist*, *Harvard Business Review* und *Foreign Affairs*. Ramges Arbeiten wurden mit zahlreichen Preisen ausgezeichnet, darunter dem Best Business Book Award on Technology and Innovation, dem Axiom Business Book Award, dem getAbstract International Book Award, dem Deutschen Wirtschaftsbuchpreis und dem Herbert-Quandt-Medienpreis.

Von Thomas Ramge ist bei Reclam in der Reihe [Was bedeutet das alles?] bereits 2018 der Band *Mensch und Maschine. Wie Künstliche Intelligenz und Roboter unser Leben verändern* erschienen.

Danksagung

Ich danke Prof. Dr. Gesche Joost und dem Weizenbaum Institut für die vernetzte Gesellschaft sehr, dass ich einen großen Teil der Arbeit an diesem Buch im Zuge meines Research Fellowships dort durchführen konnte.

Für kluge Gedanken in wertvollen Hintergrundgesprächen bin ich zu großem Dank verpflichtet: dem Unternehmer Chris Boos, dem Juristen Prof. Dr. Viktor Mayer-Schönberger, dem Mathematiker Prof. Dr. Max von Renesse, den Entscheidungsforschern Prof. Dr. Ralph Hertwig, Prof. Dr. Francis de Véricours, Prof. Dr. Jann Spiess, Prof. Dr. Philip Meissner und Prof. Dr. Florian Artinger, dem Statistiker Sir Prof. Dr. David Spiegelhalter, den Informatikern Prof. Dr. Christoph Meinel und Prof. Dr. Manfred Broy, dem Mediziner Prof. Dr. Erwin Böttinger, dem Unternehmensvordenker Dr. Reinhard Sprenger, dem Datenwissenschaftler Dr. Max Eber, dem Zukunftsforscher Prof. Dr. Stephan Rammler, dem Philosophen Prof. Dr. Julian Nida-Rümelin, dem Wirtschaftswissenschaftler Orestis Terzidis, dem Organisationsberater Dr. Cornelius Schaub und dem Staatssekretär im Bundesfinanzministerium Wolfgang Schmidt – und meinem Vater, dem Germanisten Prof. Dr. Hans Ramge.